집단지성

글로벌 대혼란 극복의 열쇠

제19회 세계지식포럼
The 19th World Knowledge Forum

집단지성
글로벌 대혼란 극복의 열쇠

매일경제 세계지식포럼 사무국 지음

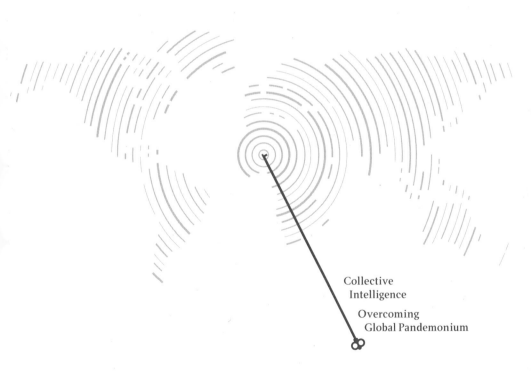

Collective
Intelligence

Overcoming
Global Pandemonium

매일경제신문사

| 발간사 |

세계지식포럼이 어느덧 19회를 맞이했습니다. 세계지식포럼은 아시아 금융위기 직후 '창조적 지식국가로의 대전환'을 목표로 2년간 준비를 거쳐 2000년 10월 출범했습니다. 그 후 공유를 통한 지식 격차를 해소하고 균형 잡힌 세계 경제성장과 번영을 논의하는 자리를 제공해왔습니다.

'지식으로 새 천년 새 틀을 짜다'란 주제로 첫 포럼이 열린 이래 지금까지 전 세계에서 총 4,000명이 넘는 연사와 5만여 명의 청중이 참여했습니다. 이들은 세계지식포럼을 명실상부한 지구촌 최대 규모의 지식 축제로 만들었습니다. 아시아 최대·최고의 글로벌 포럼으로 우뚝 선 세계지식포럼은 매년 새로운 도전으로 품격을 높이며 글로벌 포럼의 역사를 바꾸는 선구자 역할을 해오고 있습니다.

제19회 세계지식포럼은 현재 전 세계가 '대혼란'에 놓여 있다고 진단했습니다. 빅데이터Big Data와 인공지능AI: Artificial Intelligence을 필두로 한 4차 산업혁명의 영향력은 산업 분야에 그치지 않습니다. 정치, 경제, 사회 등 모든 면에서 구조적인 변화를 몰고 올 것입니다. 인공지능이 인간의 노동을 대체하면서 대규모 실업이 발생할 가능성이 높습니다. 실업은 사회적 불안을 야기할 수 있습니다. 4차 산업혁명이 인간에 대한 이해 없이 진행된다면 아무리 좋은 기술을 개발한다 해도 그

것은 혜택이라기보다 재앙에 가까울 것입니다.

미국과 중국의 무역전쟁은 글로벌 리더십의 부재라는 현 상황을 여실히 보여주고 있습니다. 국제무대에 비핵화라는 키워드를 꺼내 들고 나선 북한은 급격한 국제정세에 또 다른 변수로 작용하고 있습니다.

이런 대혼란의 시기에서 어떤 길을 선택하느냐에 따라 우리의 미래는 달라질 것입니다. 이처럼 사회구조가 근본적으로 변하고 기술 발전이 기하급수적으로 진행되는 시대에는 창조적 지식이 무엇보다 중요합니다. 집단지성으로 미래를 대비해야만 세계는 새로운 번영을 얻을수 있을 것입니다.

출발점은 '지식'입니다. 객관적이고 합리적인 지식만이 세상을 바꿀수 있습니다. 지식을 얻게 만드는 수단은 치밀한 관찰과 경험, 즉 과학입니다. 전방위적으로 사회 전체가 요동치는 이때 자연과 기술, 인간 본연에 대한 이해가 무엇보다 중요합니다. 힘을 모아 현실과 맞닿은 지식을 공유한다면 세상은 더욱 나아질 수 있습니다. 지식으로 무장한 다음 행동은 혁신입니다. 기존의 토대를 근본적으로 바꾸지 않고서는 미래를 꿈꾸기 어렵습니다. 혁신은 많은 사람의 생각을 하나로 모을 때 가능합니다.

19회를 맞는 세계지식포럼에는 250여 명의 연사와 3,500여 명의 청중이 함께 모여 '집단지성: 글로벌 대혼란 극복의 열쇠Collective Intelligence: Overcoming Global Pandemonium'를 주제로 다양한 논의를 진행했습니다.

허버트 맥마스터 전 미 NSC 보좌관, 재닛 옐런 전 미 FRB 의장 같은 국제 전문가부터 라지브 수리 노키아 최고경영자, 케네스 프레이저 MSD 최고경영자, 존 김 뉴욕라이프 대표, 쑨제 씨트립 최고경영자, 왕정화 춘추그룹 회장, 에릭 앨리슨 우버항공사업 대표 등 혁신을 이끄는 기업 리더들이 참여해 세계가 나아가야 할 방향을 모색했습니다. 정치, 경제, 과학, 기술 등 모든 분야에서 변곡점을 맞은 세계가 정상 궤도에서 다시 힘차게 전진하기를 기대합니다.

세계지식포럼 집행위원장 겸 매경미디어그룹 회장

장대환

'집단지성: 글로벌 대혼란 극복의 열쇠'를 주제로 열린

제19회 세계지식포럼에서 세계 리더와 석학들이

지구촌이 당면한 문제와 이를 해결하기 위한 주요 메시지를 정리했다.

재닛 옐런 Janet L. Yellen
전 미국 연방준비제도이사회 의장

미·중 무역전쟁과 신흥국 위기 가능성이 세계 경제의 양대 리스크다. 한국
은 신흥국 위기 전염 가능성보다 중국과의 무역 규모가 줄어 교역 축소로
이어지는 악영향이 더 클 것으로 본다. 지금 한국 거시경제와 재정이 견고
하지만 1997년처럼 급작스런 위기가 오지 않는다고 장담할 수는 없다.

케르스티 칼륨라이드 Kersti Kaljulaid
에스토니아 대통령

에스토니아는 앱스토어와 같다. 전 세계 누구나 에스토니아가 만든 전자영
주권을 이용해 자신의 비즈니스를 발전시킬 수 있다. 한국 사람들도 전자
영주권을 가진 시민이 되면 에스토니아라는 앱스토어에 접속해 새로운 사
업을 시작할 수 있다.

허버트 맥마스터 Herbert R. McMaster
전 미국 국가안보보좌관

한반도 비핵화에 성공하려면 현실을 있는 그대로 직시하고 대처해야 한다.
김정은 국무위원장은 '파이널 빅토리'를 꿈꾸고 있다. 이를 실현시켜줄 것
이라고 믿는 핵을 쉽게 포기하지 않을 것이다. 약속을 수없이 파기했던 북
한의 과거를 잊어서는 안 된다.

페이지 피츠제럴드 Paige Fitzgerald
구글 웨이모 전략적 파트너십 대표

우리는 가장 안전한 운전기사를 만들었다. 지금은 취업준비생이지만 입사
가 얼마 남지 않았다. 그게 자율주행 상용화의 시작이다. 자율주행의 궁극
적인 목표는 역설적이게도 자가용이 없는 세상이다. 차를 소유할 필요 없
이 누구나 터치 한 번으로 어디든 갈 수 있는 세상을 만들겠다.

김동연 金東兗
전 부총리 겸 기획재정부 장관

중국의 가장 오랜 왕조인 청나라도 300년 미만인데 조선왕조의 역사는
500년 동안 이어졌다. 이 같은 역사는 언론의 자유, 표현의 자유를 보장했
기 때문에 가능했다. 조선의 관료는 왕의 결정을 비판했다. 역사가는 왕의
행실을 기록했다. 오늘날 이 역할은 미디어가 담당하고 있다.

왕정화 王正華
춘추그룹 회장

30년 후 세계 항공운송 시장은 수많은 인수합병을 통해 5~6개 기업으로
재편될 것이다. 여기서 살아남으려면 직원들의 주인의식이 매우 중요하다.
직원이 최우선이다. 초창기 지분을 70% 직원에게 나눠준 것은 '돈은 흩어
지고 사람은 모인다'는 가치관에서 비롯됐다.

마이클 장 Michael Zhang
센스타임 총재

20년 전 인터넷을 등한시한 기업들은 역사의 뒤안길로 사라졌다. 지금 AI를 도입하지 않는 기업들의 미래가 그러할 것이다. AI 기업 성공 조건은 첫째 투자자의 관심을 끌 사용자 사례, 둘째 딥러닝을 위한 빅데이터, 셋째 복잡한 계산을 위한 컴퓨팅, 마지막으로 이를 활용할 인재가 필요하다.

밍마 Ming Maa
그랩 대표

'이동성'이란 단순히 차를 타고 이동하는 것이 아니라 소비자가 필요로 하는 것에 쉽게 접근할 수 있도록 만들어주는 것이다. 그랩은 승차 공유를 넘어 사회 전 분야에 걸친 서비스를 제공하는 소셜 플랫폼으로 거듭나고 있다. 소비자들의 불편과 고민을 해결하는 것이 그랩의 미션이다.

에릭 앨리슨 Eric Allison
우버항공사업 대표

빌딩의 등장으로 인류의 거주지도는 3차원이 됐다. 하지만 도로는 2,000년 동안 평면인 2차원에 멈춰 있다. 교통체증이 발생하는 근본적인 이유다. 4차 산업혁명의 3요소인 드론, 자율주행, 공유경제가 어우러진 비즈니스로 교통체증의 종말을 이뤄낼 것이다.

에릭 리 Eric Ly
링크드인 창업자

인터넷은 수많은 사람이 서로 관계를 맺을 수 있도록 했다. 하지만 신뢰의 문제를 해결하지 못했고 오늘날 한계에 부딪혔다. 블록체인은 정보의 불변성을 바탕으로 신뢰의 문제를 해결하고 있다. 블록체인 덕분에 인터넷의 활용 범위는 더욱 확대될 것이다.

Contents

1. 빅테크 빅웨이브: 기술 르네상스

디지털 사회를 위한 디자인 | 022
케르스티 칼률라이드 에스토니아 대통령

자율주행차 상용화 출발선에 서다 | 027
페이지 피츠제럴드 웨이모 사업개발 대표 외

하이퍼루프: 가속도 붙는 꿈의 기술 | 033
더크 알본 하이퍼루프운송기술 CEO 겸 공동창업자

우버와 NASA의 하늘 위 교통혁명 | 038
에릭 앨리슨 우버 항공사업 대표

2. 스마트 투자: 쉬운 돈벌이의 종말

3. 신세계 로드맵: 영원한 적도 친구도 없다

4. 블록체인: 4차 산업혁명의 엔진

5. 원 아시아: 글로벌 리더십 공백에 대응하다

6. 삶의 질 업그레이드: 새로운 비타민 코드

1

빅테크 빅웨이브
기술 르네상스

디지털 사회를 위한 디자인

케르스티 칼률라이드 에스토니아 대통령

케르스티 칼률라이드 에스토니아 대통령은 1969년생으로 에스토니아 역사상 최연소 대통령이며, 최초의 여성 대통령이다. 2016년 10월 임기 5년의 대통령으로 선출됐다. 대선 과정에서는 다른 후보들에 비해 상대적으로 인지도가 낮았다. 하지만 다양한 계층을 포용하겠다는 의지를 보인 것이 반전의 계기가 됐다. 차분하지만 강단 있는 성격이다. 대통령 선출 당시 무명 정치인에 가까웠으나 시간이 갈수록 진가가 드러나며 지지도가 오르고 있다. 2017년 〈포브스〉가 선정한 가장 강력한 여성 정치인 중 22위에 올랐다. 에스토니아 수도 탈린에서 고등학교를 나온 뒤 에스토니아 명문대학인 타르투 대학교에서 생명공학을 전공했고 같은 대학에서 MBA 학위를 받았다. 젊은 시절에는 통신회사, 투자은행 등에서 근무했다. 에스토니아가 1990년대 말부터 본격적인 디지털 개혁에 나설 당시에는 총리 경제자문관을 역임했다. 2004~2016년 룩셈부르크에 있는 EU 회계감사원에서 에스토니아 대표로 활약했다. 칼률라이드 대통령은 러시아와 관계 회복에 적극적이다. 현 정부가 에스토니아와 러시아 국경지대인 나르바 지역 디지털 산업단지 개발에 적극성을 띠고 있는 것도 이런 배경이 있어서다. EU 회계감사원에서 오랫동안 근무했기에 EU 공통의 이슈에 밝은 편이며 정책 결정 과정에서 투명성이 중요하다는 강한 소신을 갖고 있다.

"에스토니아는 앱스토어와 같습니다. 모든 사람이 에스토니아가 만든 전자영주권e-Residency과 디지털 자원을 활용할 수 있는데, 이를 이용해 자신의 비즈니스를 발전시킬 수 있습니다. 한국 사람들도 전자영주권을 가진 시민이 되면 에스토니아라는 앱스토어에 접속해 새로운 사업을 시작할 수 있습니다."

케르스티 칼률라이드Kersti Kaljulaid 에스토니아 대통령은 2018년 10월 서울 장충아레나에서 열린 제19회 세계지식포럼 기조강연에서 '에스토니아를 국가로 보기보다 앱스토어와 같은 서비스로 봐달라'고 청중에게 요청했다. 그는 그 이유를 세 가지로 요약했다.

먼저, 정부가 만든 디지털 자산을 모든 사람이 활용할 수 있다. 에스토니아가 만든 전자영주권은 비단 에스토니아 국민뿐만 아니라 전 세계 누구나 신청하고 발급받을 수 있다. 이 영주권을 받게 되면 에스토니아에 가지 않아도 유럽연합EU에 법인을 세울 수 있고, 안방에 앉아 유럽을 상대로 한 비즈니스를 할 수 있다. 법인에 대한 세금은 없고, 다만 회사가 이익을 얻어 주주들에게 배당할 때만 세금을 낸다. 칼률라이드 대통령은 "세금은 어떤 경우에도 20%를 넘지 않는다"고 말했다.

둘째, 에스토니아는 앱스토어처럼 모든 사람의 참여로 만들어진 생태계를 구축했다. 칼률라이드 대통령은 "전자영주권 제도를 도입하겠다고 결정한 이후 실제로 실행되기까지 2년이 걸렸다"며 "기술은 이미 존재하고 있었기에 큰 문제는 아니었으나 이 제도에 참여하는 사람들의 생태계를 만드는 게 더 어려운 일이었다"고 말했다.

실제로 앱스토어는 얼마나 많은 사람이 사용하느냐에 따라 그 성공 여부가 가늠된다. 앱스토어를 운영하는 기술보다 많은 사용자를 확보하는 생태계 전략이 더 중요한 것은 사실이다. 칼률라이드 대통령은 "에스토니아는 전자영주권을 확대하면서 에스토니아뿐 아니라 전 세계 다양한 국가에서 참여하는 디지털 생태계를 만들었다는 것을 자랑스럽게 생각한다"고 말했다. 실제로 에스토니아는 더욱 많은 국민이 디지털 정부 시스템에 접속할 수 있도록 하기 위해 큰 비용 지출을 감수하고 '호랑이 도약Tiger Leap'이라는 프로그램을 가동했다. 민간에서도 일부 비용을 지출하면서 참여하는 사람들을 위한 인센티브를 제공했다. 칼률라이드 대통령은 "예를 들어 우리는 은퇴자, 은퇴를 앞두고 있는 사람들에게 특별한 디지털 프로그램을 지원해줬다"고 말했다.

마지막으로, 정부의 디지털 서비스가 앱스토어와 같은 플랫폼이 되려면 안전해야 한다고 강조했다. 칼률라이드 대통령은 "완벽하게 안전한 환경에서 디지털 기술을 이용할 수 있어야 한다"며 "에스토니아는 전 국민이 사이버 하이진Cyber Hygene(사이버 위생)을 도입해 안전하게 인터넷을 쓰게끔 하고, 해킹 등의 시도가 있으면 바로 신고하도록 하고 있다"고 말했다. 그는 "이렇게 모든 사람을 교육시키고 싶다면 정부는 개인들에게 조작 가능성이 전혀 없고 완벽하게 안전한 개인 신분증명 수단을 제공해야 한다"고 말했다.

결국 칼률라이드 대통령이 설명한 에스토니아의 디지털 국가 전략은 국가 서비스를 개혁해 전 세계 모든 사람이 비즈니스하기 편한 플랫폼을 조성하는 것이었다. 전자영주권이라는 안전한 신분증명 수단을 만드는 것이 그 첫 단계였고, 그것을 기반으로 축적된 개인들의 데이터를 투명하게 공개해 기업들이 자유롭게 활용할 수 있게 한 것이 두 번째였다. 그다음 단계는 디지털을 활용해 더욱 편한 비즈니스 환경을 만든 것이다. 예를 들어 칼률라이드 대통령은 "에스토니아의 어떤 은행은 이제 채용공고를 낼 때 더 이상 어디에서 일할 것인지를 언급하지 않는다"며 "이는 사람들이 한 장소에서 업무를 하지 않는다는 뜻이기도 하고, 이제 장소가 의미 없다는 뜻이기도 하다"고 말했다. 그는 "디지털을 활용해 완벽하게 인간에게 편리한 비즈니스 환경을 만드는 것이 우리의 전략"이라고 덧붙였다.

기조연설 사회를 맡은 랜디 윌리엄스 키레츠포럼 창업자의 '한국에 온 이유를 말해달라'는 질문에 칼률라이드 대통령은 "전 세계 디지털 환경을 개선하는 데 기여하고 싶어서"라고 답했다. 칼률라이드 대통령은 "에스토니아는 디지털 자원을 소비하는 나라에 그치고 싶지 않다. 우리는 기업가정신을 발전시키는 데 도움을 주고 싶고, 디지털 사회에 반드시 필요한 보안 관련의 서비스를 에스토니아가 제공해줄 수 있다고 생각한다"고 말했다.

한편 세계지식포럼 기조강연을 마친 칼륨라이드 대통령은 이화여자대학교에서의 명예박사 수여식, 국회 강연 등을 통해 강력한 메시지들을 뿜어냈다. 칼륨라이드 대통령은 이화여대 명예박사 수여식에서 '네 아이의 엄마로서 가정과 일을 어떻게 병행하느냐?'는 대한 질문을 받고는 "남성들에게는 일과 가정을 병행하는지 묻는 경우가 있느냐"고 말했다. 그는 특히 "그런 질문을 받지 않는 세상을 만드는 것이 내 사명이라고 생각한다"며 "유엔UN 활동 등을 통해 앞으로도 이런 질문에 대해서는 끝까지 싸울 것"이라고 덧붙였다. 이화여대 학생들은 칼륨라이드 대통령의 거침없는 답변에 열광적으로 박수를 보냈다.

칼륨라이드 대통령의 호통은 이후 국회에서도 계속됐다. 주승용 국회부의장을 비롯한 여야 정치인, 블록체인 산업 관계자들 앞에서 강연하면서 "많은 사람이 민간만 혁신하는 줄 안다"면서 "그러나 그렇지 않다. 사실은 정부도 혁신할 수 있으며, 공공기관들도 혁신을 주도할 수 있다"고 말했다. 칼륨라이드 대통령은 "기술이 아니라 법과 제도를 잘 만드는 것이 진정한 혁신일 수 있다"고 덧붙였다. 어투는 공손하고 차분했지만 사실상 호통과도 같은 무게를 갖고 있었다.

자율주행차 상용화 출발선에 서다

페이지 피츠제럴드 웨이모 사업개발 대표 외

페이지 피츠제럴드는 웨이모의 전략적 파트너십 및 사업개발 대표로 일하고 있다. 웨이모는 구글 모회사인 알파벳의 자율주행 자회사로 자율주행차 기술을 선도하고 있으며, 사람과 사물이 더욱더 안전하고 쉽게 이동할 수 있도록 하는 것을 목표로 하고 있다. 리 주오는 인공지능 소프트웨어 솔루션을 개발하는 스타트업 오토X의 최고운영책임자다. IBM 왓슨 연구소에서 연구원으로 활동한 바 있는 그녀는 인공지능 및 기계학습 분야에서 손꼽히는 전문가로 평가된다. 제임스 올솝 변호사는 허버트 스미스 프리힐즈 도쿄 오피스의 시니어 어소시에이트Senior Associate로서 주로 복잡한 상사분쟁에 대한 자문을 제공하고 있다. 그는 다양한 산업 분야의 기업들을 대상으로 자문을 제공하며 특히 제조, 자동차, TMT, 제약 및 소비재 부문을 다루고 있다. 이명재 미국 변호사는 법무법인 율촌 모빌리티팀의 공동 리더를 역임하고 있다.

자율주행은 이제 실험실을 넘어 상용화의 문턱에 다가왔다. 웨이모Waymo의 전략적 파트너십 및 사업개발 대표인 페이지 피츠제럴드Paige Fitzgerald는 "웨이모의 자율주행차들이 미국 내 도로에서 주행한 누적거리가 1,000만 마일(1,609만 킬로미터)을 넘어섰다"고 세계지식포럼 현장에서 공개했다. '자율주행의 미래: 구글 웨이모의 생각'의 연사로 나선 피츠제럴드 사업개발 대표는 "웨이모는 그동안 미국 캘리포니아, 애리조나, 미시간 주 등 총 25개 도시에서 자율주행차를 운행하고 있다"며 이같이 말했다.

뛰어난 자율주행 기술을 자랑하며 업계를 선도하고 있는 웨이모는 지난 2009년 구글의 비밀 프로젝트로 출범했다. 사람과 사물의 이동을 더욱 쉽고 안전하게 해줄 자율주행 기술을 선보이기 위해 출범 당시부터 도로 자율주행을 시작해왔다. 웨이모는 지난 2016년 크라이슬러와 자율주행차 파트너십을 체결한 후 플러그인 하이브리드 퍼시피카 미니밴 600대에 웨이모의 자율주행 기술을 탑재했다.

피츠제럴드 사업개발 대표는 "전 세계에서는 현재 120만 명이 교통

사고로 사망한다. 미국에서만 3만 5,000명이 교통사고로 죽고 있다. 이들 사고 원인의 94%는 인간의 실수인 과속, 음주나 졸음운전 등"이라며 "웨이모는 이러한 안전성의 문제를 자율주행으로 극복하는 것을 목표로 삼고 있다"고 말했다.

안전성 문제뿐 아니라 운전자들의 시간을 절약해주고, 운전이 어려운 노인들에게는 접근성을 높여준다고 피츠제럴드는 덧붙였다. 그는 "웨이모의 자율주행차를 타본 이용자들의 모습을 보면 생각한 것 이상으로 자율주행 기술에 대한 신뢰가 컸다"며 "운전 중 휴대전화를 이용하거나 노트북을 사용하고, 화장을 하던 사람은 그야말로 완벽하게 화장을 해내 시간을 절약했다. 심지어 10분가량 숙면을 취한 이용자도 있었다"고 말했다.

이러한 실험 결과를 토대로 웨이모는 인간의 삶의 질을 높이기 위해선 완전한 자율주행을 실현해야 한다는 목표가 더욱 분명해진 것이다. 피츠제럴드 사업개발 대표는 "그야말로 '도어 투 도어Door to Door'로 집 문을 나선 사람을 차량이 픽업해서 운전석이 아닌 뒷좌석에 앉힌 후 목적지까지 안전하게 자율주행하는 게 웨이모의 사업 방향"이라고 거듭 강조했다.

미국 자동차공학회SAE에 따르면 자율주행차를 기술 수준별로 구분하면 1단계부터 5단계까지 나뉜다. 이때 웨이모가 추구하는 목표는 운전자가 없는 완전 자율주행을 의미하는 5단계다.

구체적으로 살펴보면 ① 1단계는 자동 브레이크ABS, 자동 속도 조절 같은 운전 보고 기능 탑재. ② 2단계는 같은 차선에서 속도를 유지하면서 스스로 주행하되 차선변경은 안 됨. ③3단계는 차선을 변경하면서 자율운행을 하고, 긴급 상황에서는 운전자에게 수동운전 요청 신호를 보냄. ④4단계는 운전자의 제어가 없는 자율주행으로 자동주차도 가능, 그러나 운전대와 운전자는 있어야 함. ⑤5단계는 완전 자율주행으로 운전대가 없어도 되고, 운전자가 없는 무인차를 의미한다.

웨이모는 연내 애리조나 주 피닉스 일대에서 운전자가 없는 자율주행 택시 서비스를 상용화할 계획이다. 아울러 피아트크라이슬러FCA와 재규어랜드로버 등 자동차 업체와 제휴를 맺고 자율주행차 기술을 제공하면서 '웨이모 진영'을 더욱 공고히 한다는 방침이다.

피츠제럴드 사업개발 대표는 "자율주행차로 교통체증을 줄일 수 있고, 주차장 공간을 활용하게 할 수도 있다는 점에서 우리는 업계의 파괴자가 아니라 촉진자"라며 "그동안 웨이모가 자율주행 결과 확보한 도로정보나 보행자들의 움직임, 교통 상황 등에 관한 경험이야말로 최고의 자산이기에 이를 바탕으로 혁신을 이끌 것"이라고 밝혔다.

자동차가 스스로 이동하는 것은 운전자가 운전대를 잡지 않아도 된다는 것 이상으로 많은 상황을 내포한다. 차량이 교통수단을 넘어 다양한 기능을 탑재한 종합 플랫폼으로 진화할 것이라는 전망도 나오고 있다. 여러 전망 중 대표적인 것이 '인포테인먼트'를 즐기는 플랫폼으로서의 가능성이다. 인포테인먼트는 정보와 즐거움Information + Entertainment의 합성어로, 차량 내에서 영화, 라디오를 넘어 게임이나 독서도 가능해질 것이라는 예상이다. 인포테인먼트 외에 자율주행차가 물류혁명을 이끌 것이라는 전망도 나오고 있다.

안드로이드 오토는 뛰어난 음성인식 비서다. '오케이 구글' 한 마디에 메시지 발송부터 음악 재생까지 척척 해내기에 운전자는 눈앞의 운전대에만 집중할 수 있게 된다.

자율주행차로 물류혁신을 일으키는 기업도 있다. 오토XAutoX는 미국 실리콘밸리에서 떠오르는 자율주행 스타트업이다. 오토X를 소개하는 세션에는 리 주오Li Zhuo 오토X 최고운영책임자COO가 참석했다. '자율주행차가 사람만 날라야 할까?'라는 질문을 던진 리 주오는 "오토X는 자율주행차로 식료품을 배달한다"며 "단순히 식료품 배달에 그치지 않고 식료품점이 집 앞으로 찾아가는 것 같은 경험을 선사하고 있다"고 말했다. 예를 들면 고객이 앱으로 햄버거를 주문하면 여기에 어울리는 콜라를 같이 싣고 가 고객에게 구매를 제안하는 식이다. 차량에 탑재한 카메라가 고객이 어떤 제품을 얼마나 추가로 가져가는지 자동으로 점검하기 때문에 결제 시스템도 편리하다.

소프트웨어와 하드웨어가 완성 단계인 지금 상용화를 위한 마지막 허들은 규제다. '율촌 특별세션-자율주행차 혁명: 시장 동향 및 정책 방향'의 연사로 참여한 전문가들은 자율주행차라는 '파괴적 혁신'에 동참하는 건 필수이며, 빠른 상용화를 위한 규제 일원화와 윤리적 딜레마 해결의 중요성을 입을 모아 강조했다.

제임스 올솝James Allsop 허버트 스미스 프리힐스 변호사는 "자율주행차 기술을 실제로 도입하기 위한 공공도로 주행 시험이 필수적인데 국가마다 규제에 대한 서로 다른 접근법을 취하며 분절돼 있다"고 문제점을 지적했다.

이명재 율촌 변호사는 "자율주행차에 따른 불가피한 딜레마에 처하면 어쩔 수 없이 차악을 선택해야 할 순간이 올 것"이라며 "자율주행차를 위한 기본 원칙을 제시한 독일 사례처럼 자율주행 알고리즘은 투명하게 개발돼야 하고 규제당국과 운전자, 승객, 보행자로부터 의견을 폭넓게 받아야 한다"고 덧붙였다.

하이퍼루프: 가속도 붙는 꿈의 기술

더크 알본 하이퍼루프운송기술 CEO 겸 공동창업자

독일 태생인 더크 알본은 지난 2013년부터 전 세계에서 벌어지는 차세대 운송수단인 '하이퍼루프' 개발 경쟁을 선도하는 기업인 하이퍼루프운송기술의 공동설립자이자 CEO로 5년째 일하고 있다. 그는 또한 2013년부터 기업 프로젝트를 위한 온라인 크라우드펀딩 포털 '점프스타트펀드'를 운영하는 점프스타터의 CEO를 맡고 있다. 세계 최초의 크라우드펀딩 형태의 창업보육기관으로 세워진 점프스타터를 통해 알본 CEO는 하이퍼루프 개발 프로젝트에 필요한 420여 명 규모의 핵심 팀을 구성할 수 있었다. 그는 1993년 독일 베를린에서 금융투자 전문가로 경력을 시작했고 1997년 이탈리아로 이주한 뒤 대체에너지와 실내디자인 공간에 관한 여러 개의 회사를 설립하기도 했다. 남유럽 전역에서 활동하며 스타트업 창업가로서 애환을 겪었던 그는 한 친구의 초대로 미국으로 이주해 실리콘밸리에서 새로운 벤처 사업을 시작했다. 2009년부터 기술기업 창업을 위한 비영리 창업보육센터 'Girvan Institute of Technology'의 일원으로도 활동하고 있다.

비행기보다 빠르고, 고속철도보다 저렴하게 탈 수 있는 '꿈'의 운송수단. 자동차, 배, 기차 , 비행기에 이은 제5의 교통수단으로 떠오른 '하이퍼루프Hyperloop'는 이미 상용화 단계에 접어들고 있다. '가상hypothetical'과 '아음속subsonic'을 특징으로 삼는 '공기주행 기계air travel machine'란 형태로 구상된 하이퍼루프는 최대 시속 1,300킬로미터, 평균 시속 960킬로미터의 속도를 내는 유일한 초음속 교통수단이 될 전망이다. 만약 하이퍼루프가 서울-부산 간 노선에 설치된다면 20분 안에 서울과 부산을 오갈 수 있다. 그럼에도 20~30달러 정도의 요금만 지불해도 이용할 수 있다.

과거 상상 속의 교통수단이던 하이퍼루프지만 이미 기초 개념과 필요한 요소 기술은 상용화돼 있었다. 한국정보화진흥원NIA의 2017년 발간된 〈지능화 연구 시리즈〉 보고서에 따르면 진공튜브를 이용한 운송수단은 1799년 영국의 조지 메드헐스트George Medhurst로 거슬러 올라간다. 그는 공기압을 이용한 기송관Pneumatic Tube 특허권을 신청했고, 1836년에는 윌리엄 머독William Murdoch에 의해 진공튜브를 이용한 우편과 소포 배달이 상용화됐다.

작은 화물을 진공관으로 한 지점에서 다른 지점으로 빠르게 이동시 킨다는 개념은 이미 미국 사무용 빌딩에서 흔히 찾을 수 있는 '에어슈 트'로 일상의 일부에 포함돼 있었다. 에어슈트의 빈 관에 알맞은 크기 의 운반체를 넣고, 공기압력을 한쪽에서 가하면 반대편으로 이동시킬 수 있다.

'미래의 기차' 혹은 '꿈의 기차'는 지난 2012년 한 '괴짜' CEO를 만 난 뒤에야 비로소 하이퍼루프로 새롭게 진화할 수 있었다. 우주개발 업 체 스페이스X, 전기차 기업 테슬라의 CEO 엘론 머스크Elon Musk는 2012년 자동차로 6시간 가까이 걸리는 샌프란시스코와 로스앤젤레스 를 잇는 고속철도 건설 계획을 비판하며 35분으로 주파할 수 있는 하이 퍼루프 아이디어와 실현 가능성을 제안했다. 당시 머스크가 콘셉트에 서 밝힌 미래 이상적인 이동수단의 조건은 더 안전할 것, 더 빠를 것, 더 비용이 저렴할 것, 더 편리할 것, 날씨에 영향을 받지 않을 것, 지속적인 자 가 동력을 쓸 것, 내진 설계, 경로 인근 거주자 불편이 없을 것 등이었다.

이후 더욱 구체적인 개념과 세부 계획을 담은 〈하이퍼루프 백서〉가 2013년 8월 테슬라 모터스 블로그를 통해 공개됐다. 머스크는 2013년 샌프란시스코와 로스앤젤레스 구간 613킬로미터를 잇는 하이퍼루프 건설비로 75억 달러(약 8조 5,000억 원)가 소요된다고 추산했는데, 이는 현재 추진 중인 캘리포니아 고속철도 건설비의 약 10% 수준에 불과하 다. 머스크는 하이퍼루프의 편도요금을 20달러 정도로 책정할 수 있을 것이라 전망했다.

2012년 이후 전 세계적 차원에서 진행된 하이퍼루프 이니셔티브에 가장 큰 공헌자인 머스크는 정작 하이퍼루프 관련 회사 경영 대신 기술 경진대회 같은 참여 독려에 머물고 있다. 그사이 하이퍼루프운송기술HTT: Hyperloop Transportation Technology, 하이퍼루프원HyperloopOne 같은 기업들이 치열한 기술개발 및 수주 경쟁을 벌이면서 상용화에 빠르게 다가가고 있다.

기존 비즈니스의 시각에선 하이퍼루프원이 HTT보다 활발하게 활동하고 있다. 2014년 설립 이후 지금까지 약 2억 4,500만 달러(약 2,800억 원) 규모의 투자유치에 이어 영국 버진항공에 8,500만 달러(약 960억 원)에 2017년 10월 인수됐다. 최초로 하이퍼루프 가속 주행시험, 제조공장 구축까지 한 기술력을 바탕으로 2020년까지 상용화에 나선다는 방침이다.

그러나 더크 알본Dirk Ahlborn의 HTT는 '크라우드펀딩'이란 플랫폼 전략을 꺼내 들었다. 2014년 크라우드 기반 하이퍼루프 기술개발 업체인 HTT가 100여 명의 엔지니어들이 모여 세워졌다. 창업자 겸 CEO 알본의 점프스타터JumpStarter가 운영하던 크라우드펀딩 플랫폼 점프스타펀드JumpStartFund가 HTT의 성장 토양을 제공했다. 현재 80여 개 이상의 기업과 약 800명의 전문가가 자발적 파트너십을 통해 HTT에서 프로젝트를 수행하고 있다.

더크 알본 HTT CEO는 제19회 세계지식포럼에 연사로 방한해 "HTT는 전 세계 전문가 800여 명이 스톡옵션을 받는 파트너로 일하고 있고 공개적으로 개발 아이디어를 모으는 '크라우드스토밍'도 성공적으로 운영 중"이라며 "전 세계 어느 곳이든 몇 시간 만에 화물을 옮길 수 있고 사람들은 거주와 직업 선택의 자유가 늘어나는 '주문형 경제'를 구축할 수 있다"고 밝혔다.

HTT는 '크라우드소싱' 시스템에 여러 연구팀이 협력하는 독특한 방식으로 하이퍼루프 관련 기술을 개발하고 있다. 이를 통해 아무도 시도해보지 않았던 하이퍼루프 기술개발 과정에서 전문가들의 집단 지성을 최대한으로 끌어내는 방법인 셈이다. HTT는 2015년 캘리포니아 퀘이 밸리Quay Valley 지역에서 5마일 규모 실증 테스트 트럭 건설 발표에 이어 2016년 슬로바키아 정부와 하이퍼루프 열차 노선 신설 업무 협약MOU을 맺고, 2017년부터 오스트리아 빈과 헝가리 부다페스트를 잇는 노선도 계획 중이다. 알본CEO에 따르면 2018년 4월 아랍에미리트 아부다비-두바이 10킬로미터 구간 하이퍼루프 건설계약 수주에 이어 중국과 우크라이나와도 계약을 준비하고 있다. 스페인에서 실제로 사람이 탈 수 있는 실물 크기의 하이퍼루프 열차 시제품 '킨테로 원Quintero One'을 공개했다.

여러 수주 실적에도 불구하고 알본CEO는 승객 경험을 최우선시해야 한다고 말한다. 또한 앞으로 남은 과제는 비단 기술적 어려움뿐 아니라 교통안전, 보험 등 새로운 교통수단으로서 하이퍼루프에 적합한 규제 조항을 따로 만들어야 한다고 덧붙였다. 그는 "하이퍼루프는 수십 년 후가 아닌 실제로 탑승을 기다릴 만큼 가까운 미래로 다가왔다"며 "완전한 새로운 교통수단으로서 새 규제와 법이 신설돼야 한다"고 말했다.

우버와 NASA의 하늘 위 교통혁명

에릭 앨리슨 우버항공사업 대표

우버 엘리베이트는 세계 최대의 차량공유 업체인 우버의 플라잉카(하늘을 나는 자동차) 개발담당 부서다. 에릭 앨리슨 대표는 우버에 합류하기 전 스타트업 지닷에어로Zee.Aero에서 최고경영자로 재직했다. 이곳에서 그는 에어택시 코라Cora의 개발을 주도했고, 두 차례 시험 비행에 성공했다. 앨리슨 대표는 미국 밀워키공과대학교 기계공학 학사를 취득하고 스탠퍼드대학교에서 항공학 및 우주비행 석사와 박사 학위를 취득했다. 미국 산타클라라대학교 겸임교수로 부임했던 그는 이후 항공컨설팅 기업인 에어로스페이스 사이언티스트에 근무하기도 했다. 현재는 미국 항공우주국 항공연구자문위원회 위원으로도 활동하고 있다.

헬리콥터와 같은 '플라잉 택시'를 만드는 건 미국 보잉, 브라질 엠브라에르 등 세계적인 항공사다. 이착륙장은 힐우드, 샌드스톤 등 부동산 업체들이 제공하는 도심 속 넓은 주차장이다. 운전석에는 자율주행 기술이 드라이버로 앉는다. 규제는 미국 항공우주국NASA이 손본다. 이를 결합해 하늘을 나는 택시를 운영하는 건 우버다. 승차공유ride-hailing 플랫폼으로 전 세계 교통혁명을 일으켰던 우버가 이제 '하늘'에서 또 한 번 모빌리티 혁명에 나선다.

제19회 세계지식포럼 '우버와 NASA의 하늘 위 교통혁명' 세션에서 에릭 앨리슨Eric Allison 우버항공사업 대표는 "2020년 시범비행을 통해 2023년 상용화를 목표로 하고 있다"며 플라잉 택시의 5년 내 상용화를 자신했다.

'하늘을 나는 택시'라는 상상이 현실화되는 방식은 의외로 간단하다. 현재 사용되는 우버 애플리케이션에서 우버에어 옵션을 선택하면 된다. 교통 수요에 맞춰 도심 곳곳에 위치한 '스카이 포트'에 도착해 비어 있는 비행택시에 탑승만 하면 된다. 스카이 포트 간 비행을 저렴한 가격에 이용할 수 있게 된다. 앨리슨 대표는 "공유차량 확산으로 전체 차량 수가 줄어들면 공간이 남는 주차장이 많을 것"이라면서 "이를 활용한 쇼핑몰 주차장, 옥상 등이 주요 스카이 포트 후보"라고 말했다.

앨리슨 대표는 "현재 우버는 600개가 넘는 도시에서 매달 7,500만 명을 이동시키고 있다"며 "차량은 물론 앞으로 자전거, 버스 등 다양한 교통수단을 통해 가장 효율적인 교통 시스템을 구축하는 것이 목표"라고 말했다.

우버에어는 미국 캘리포니아 로스앤젤레스와 텍사스 댈러스에서 먼저 시범운영을 추진하고 있다. 최근 우버에어는 미국 외에도 프랑스, 브라질, 호주, 일본, 인도 등 5개 후보지를 발표했다. 인구 200만 명 이상, 제곱마일당 2,000명 이상의 인구밀도를 지닌 대도시가 후보지 요건이다.

앨리슨 대표는 "우버에어는 교통혼잡이 심각하고 도심 내 고밀도 개발 지역이 많은 도시에 적합하다"며 "거대한 공항이 근처에 있고 도심 간 이동시간이 한 시간 이상 소요되는 곳이어야 한다"고 말했다. 그의 말대로라면 서울도 충분히 후보 자격을 갖춘 셈이다.

교통혼잡으로는 전 세계 상위권에 자리할 서울도 우버에어가 배치될 최적의 도시 중 하나인 것이다. 실제 우버의 시뮬레이션 결과, 경기도 안산에서 서울 종로3가까지 우버에어로 이동하는 데 단 12분이면 충분한 것으로 나타났다.

앨리슨 대표는 "한국도 교통혼잡 문제가 심각한 것으로 알고 있다"며 "서울에 근무하는 사람이 더욱 저렴한 서울 근교에 살면서 출퇴근

시간을 크게 줄일 수 있게 될 것"이라고 설명했다. 우버에어가 도입되면 도시 지형도가 크게 변할 것으로 기대된다. 육상교통 시대에 도로와 철도 등 '선형' 인프라스트럭처를 따라 경제망이 구축되지 않기 때문이다. 앨리슨 대표는 이를 '점형' 방식의 지형도라고 소개했다. 그는 "스카이 포트를 거점으로 한 새로운 경제 중심 지역이 만들어질 것"이라면서 "계획적으로 신흥도시를 개발할 때 특히 용이할 것"이라고 말했다.

부동산 가격도 안정될 수 있다고 내다봤다. 그는 "LA를 예로 들면 우버에어 도입 시 기존보다 10배 이상 생활반경이 확산된다. 도심 인근 거주에 대한 수요가 지금처럼 높지 않을 것"이라면서 "부동산 투기 등 사회적 문제가 해결되는 새로운 패러다임이 될 수 있다"고 말했다. 우버에어가 활성화하면 서울 도심의 거주비용 인하 효과도 거둘 수 있는 셈이다.

우버에어 상용화의 가장 큰 걸림돌은 일단 가격이다. 우버에어는 상용화 초기에 1마일(1.6킬로미터)당 5.73달러(약 7,000원)를 목표로 하고 있다. 단기적으로 이를 1.86달러(약 2,000원)로 낮추고 장기적으로는 일반 택시 수준인 0.44달러(약 500원)로 떨어뜨리는 방안을 추진할 계획이다.

또 다른 제한 사항은 '소음'이다. 도심과 거주 지역을 오가는 만큼 소음으로 인한 민원이 발생하면 상용화에 문제가 생길 가능성이 있다. 앨리슨 대표는 "기존 헬리콥터에서 사용하는 헬리콥터 프로펠러는 소음이 너무 커서 부적합했지만 드론이 새로운 길을 열어줬다"면서 "전자

모터를 이용한다면 지속적으로 소음 문제를 개선해나갈 수 있을 것"이라고 말했다.

상용화까지 넘어야 할 최종 관문은 공급이다. 요금과 저소음이라는 두 조건을 맞출 수 있으면서도 공급이 원활할 수 있도록 생산 지원이 필요하다. 앨리슨 대표는 "포퓰러 자동차 경주 대회에 출전할 수준으로 섬세한 기기를 1만 대 이상 공급할 수 있어야 한다"면서 "이를 위해 스타트업부터 자동차, 비행기 글로벌 제조사들까지 전방위적으로 협력해나가겠다"고 말했다.

복잡한 도로 환경으로 교통체증을 겪고 있는 사람들에게 드넓은 하늘을 가르는 플라잉카는 매력적일 수밖에 없다.

하지만 한국은 기술이나 제도적 측면에서 주요국에 한참 뒤져 있다. 드론도 제대로 못 날리는 판국에 플라잉카 상용화까지는 아주 오랜 시일이 걸릴 것이라는 게 전문가들의 전망이다.

대한민국은 규제가 상대적으로 엄격하다. 그 때문에 우버 플라잉카의 첫 상용화 도시에서 한국은 제외됐다. 처음 상용화에 나서는 나라는 그 외 교통체증이 심한 미국, 일본, 인도, 브라질, 호주, 프랑스 등이다. 도요타 역시와 플라잉카 시제품을 제작해 2020 도쿄 올림픽의 오프닝 세레머니에 선보일 계획이다.

앨리슨 대표는 "한국도 교통 문제가 심각한 것으로 안다"며 "우버에어를 이용하면 출퇴근 시간을 크게 줄일 수 있을 것"이라고 말했다.

전기차 진화의 끝은

마틴 머레이 GM 전기차 개발담당 상무 외

마틴 머레이는 디젤, 가솔린 등 내연기관뿐만 아니라 하이브리드, 전기차 등 GM의 다양한 자동차 동력 개발 분야에서 35년 이상 경력을 쌓아왔다. 머레이는 현재 미국 미시간 주 폰티악에 위치한 GM의 동력개발본부에서 글로벌 전기차 엔지니어링을 담당하고 있다. 그는 이전에 제너럴모터스와 상하이자동차SAIC가 연구개발R&D 목적으로 상하이에 설립한 GM 기술개발연구소 PATACPan Asia Technical Automotive Center에서 전기차 엔지니어링을 이끌었다. 서경원 현대자동차 글로벌 R&D 마스터는 현대자동차와 기아자동차에서 22년간 차량 기술개발 분야의 다양한 경험을 갖고 있으며, 현재는 현대자동차의 연료전지 시스템과 차량 개발을 담당하고 있다.

글로벌 자동차 브랜드들이 차세대 먹거리인 전기차의 성능을 향상시키는 데 모든 역량을 집중하고 있다. 차종을 다양화하는 것은 물론, 태양광 등 다양한 에너지 동력원을 이용할 방안들도 연구 중이다. 수소를 연료로 사용하는 수소연료전지자동차도 조금씩 기지개를 켜고 있다.

친환경 전기차 기술은 어디까지 와 있을까. 그 해답을 제시하고 친환경 자동차의 미래를 함께 고민하는 자리가 마련됐다.

제19회 세계지식포럼 '전기차 진화의 끝은?' 세션에선 현대자동차 및 GM의 전기차 담당자들이 연사로 나서 미래 전기차의 모든 것을 해부했다.

평생을 자동차만 연구해온 글로벌 전문가들은 친환경차가 대세로 떠오를 시기가 불과 10~15년밖에 남지 않았다고 입을 모았다. 지금은 하이브리드나 전기차, 수소차가 보조금에 기대면서도 소수의 영역에 속해 있지만 내연기관차와 성능·가격 면에서 동등한 가치를 가지며 경쟁할 수 있는 날이 머지않았다는 얘기다.

이 세션에서 연사로 나선 마틴 머레이Martin Murray 제너럴모터스GM 전기차 개발담당 상무는 "친환경차가 내연기관차와 성능과 가격 면에서 동등한 가치를 가지면서 수평을 이루는 교차점이 10년에서 15년 후면 도래할 것으로 보고 있다"며 "배터리 가격이 합리적으로 내려가고 있어 이 정도 시간이 지나면 소비자가 전기차를 내연기관차와 수평적으로 비교하면서 선택을 할 수 있어질 것"이라고 내다봤다.

머레이 상무는 〈매일경제〉와의 인터뷰에서 자율주행차와 전기차가 개념상 같이 엮이면서 서로 어울리는 이유에 대해 세 가지로 설명했다.

먼저, 전기차와 자율주행차 모두 대중에게 '신기술'이라는 느낌을 주기 때문이다. 첨단기술의 상징이라는 느낌을 대중뿐 아니라 자동차 회사도 가지고 있어 공동연구가 손쉽게 일어나고 있다.

더 직접적인 이유는 자율주행차가 개념상 카쉐어링carsharing(차량공유)으로 이어지기 때문이다. 공유차량은 자연스럽게 가동률이 높아지고, 이는 연료비 부담이 기존 차보다 훨씬 크다는 것을 의미한다. 기존에는 출퇴근 무렵 한두 시간 정도 차를 사용하면서 점유율이 5% 정도에 그쳤다면, 차량공유가 이뤄지면 이 차는 하루 대부분 시간을 움직이게 된다. 전기차는 내연기관에 비해 저렴한 에너지원을 제공하고, 환경오염 이슈에서도 자유롭기 때문에 공유형 자율주행차는 전기차와 호환성이 높다.

또 공간디자인 면에서도 전기차의 구조가 단출하기 때문에 공간설계에 이점이 있다. 자율주행차에 탄 사람은 운전을 하지 않기 때문에 차 안에서 여러 활동을 할 수 있는데 엔진과 구동축이 사라져 넓은 공간을 만들 수 있는 전기차가 유리하다는 얘기다.

머레이 상무는 "운전의 즐거움을 원하는 고객은 자율주행차가 필요 없겠지만, 이 부분을 제외하고는 전기차 기반의 자율주행차가 무한한 영역으로 발전할 것"이라며 "드론으로 무한에 가까운 여러 가지 일을 할 수 있듯이 자율주행차도 마찬가지가 될 것"이라고 설명했다.

전기차 등 미래 친환경차의 차별화 포인트로는 '브랜드 파워와 디자인, 운전의 재미' 등 세 가지 요소를 꼽았다.

머레이 상무는 "GM의 캐딜락, 도요타의 렉서스, 현대차의 제네시스 같은 고급 브랜드가 친환경차에서는 더욱 중요한 요소가 될 수 있다"며 "전기차는 기능적 차별화가 점점 어려워지기 때문에 프리미엄 브랜드를 활용해 자동차 산업의 본질을 바꾸는 노력을 하고 있다"고 소개했다. 또 그는 "이전 전기차 시장에서는 가격 대비 주행거리가 핵심 차별화 포인트였다면 이제는 이런 부분이 거의 평준화되고 있다"며 "기능을 살리는 유려한 디자인과 운전의 재미를 맛보게 하는 주행 성능이 중요하게 부각되고 있다"고 덧붙였다.

한·중·일 동북아 3국에서 전기차 관련 업무 경험이 있는 머레이 상무는 한국의 친환경차 경쟁력에 대해 높은 점수를 줬다. 일본은 하이브리드 등 친환경차에 대해 친숙하고 호의적인 사회적 인식을 가지고 있어 단계적 성장이 빠를 것으로 봤다. 중국은 최근까지도 글로벌 스탠더드 아래 수준이었으나 최근 해외 자동차 회사들과 조인트 벤처로 운영 중인 로컬 자동차 회사들이 가파른 기술성장을 이뤄냈다.

한국은 IT 기술과 소재 산업에서 강점이 있기 때문에 친환경차 사업의 혁신을 가져올 수 있는 인프라를 갖췄다는 평가다. 머레이 상무는 인터뷰 도중 LG화학에 대해 10여 차례 이상 언급했는데, 전기차를 막 연구할 2009년부터 LG그룹과 함께 공동개발을 했기 때문이다.

국내 자동차 메이커인 현대기아차에 대해서는 수직계열화에 따른 공급체인을 잘 갖췄고, IT 기술을 포함한 높은 기술 경쟁력을 보유하고 있다고 평가했다. 하지만 전 세계적으로 불고 있는 '기술 민주화'가 후발주자의 추격을 용이하게 하면서 현대차에는 득이 될 수도, 실이 될 수도 있다고 말했다.

서경원 현대차 글로벌 R&D 마스터는 "현대차의 글로벌 친환경차 판매는 총 23만 대로 도요타에 이어 전 세계 2위"라면서 "오는 2025년까지 친환경 모델을 38개 차종으로 확대할 것"이라고 강조했다. 특히 하이브리드HEV, 플러그인 하이브리드PHEV, 전기차EV, 수소연료전지자동차FCEV 등 시장 동향에 따라 각 친환경 라인업을 균형적으로 키우겠다는 의지를 드러냈다.

서 마스터는 "먼저 하이브리드 전기차의 경우 현대차는 이미 다양한 HEV 시스템을 갖추고 있다"면서 "현재 다양한 사이즈의 엔진 라인업을 보유하고 있고 동력장치 또한 다르게 하고 있어 향후 내연기관을 하이브리드 시스템으로 대체하는 데 용이할 것"이라고 말했다.

순수 전기차 부문은 주행거리를 꾸준히 늘리겠다는 방침을 재확인했다. 2018년 1회 충전에 406킬로미터를 주행할 수 있는 코나 EV를 출시해 전기차의 약점으로 꼽히던 짧은 주행거리에 대한 부담을 경감했는데, 미래에는 보다 주행거리가 긴 전기차를 내놓겠다는 것이다. 특히 현대차는 오는 2020년 제네시스를 통해 고성능 전기차 출시를 예고하고 있다. 서 마스터는 "현재 현대차의 배터리 기술은 경쟁사 대비 상당히 진보됐다"면서 "미국 환경청EPA 기준 아이오닉 하리브리드는 세계 최고 연비 차량으로 인증받았고, 아이오닉 EV는 모든 전기차 가운데 최고 에너지 소비 효율을 달성했다"고 강조했다.

현대차의 미래를 책임질 마지막 라인업은 수소연료전지 차량이다. 현대차는 지난 2013년 세계 최초로 수소연료전지 차량을 내놨는데, 이미 18개국에 판매한 바 있다. 2018년에는 차세대 수소연료전지자동차 넥쏘를 출시해 수소차 상용화에 대한 기대감을 높였다. 서 마스터는 "수소연료전지 차량 개발은 미래 세대를 위한 헌신이라고 생각한다"면서 "세계 최초로 양산에 성공한 만큼 해당 분야에 대해 리더십을 이어 나갈 것"이라고 말했다.

── 사물인터넷, 인공지능이 만드는 스마트홈 ──

브루스 앤더슨 IBM 전자부문 사장 외

브루스 앤더슨 IBM 전자부문 사장은 30년 동안 IT 분야에 일하면서 공급망 전략, 브랜드 전략 등을 컨설팅해왔다. 전미가전협회CEA와 IBM 산업 아카아카데미의 이사회 멤버로도 활약 중이다. 구성기 삼성전자 상무 삼성전자 홈 IoT 사업팀장은 글로벌 통신사들과 인지 컴퓨팅을 적용한 사물인터넷IoT, 클라우드 솔루션을 제공하는 업무를 총괄하고 있다. 경영학과 출신의 공학 박사로 통신, IT, 클라우드, 사물인터넷 분야에서 엔지니어링, 상품기획, 영업, 마케팅, 전략을 두룬 거친 전문가다. 구성기 상무는 삼성전자에서 스마트 가전 글로벌 전략, 마케팅, 제품관리를 이끌고 있다. 구 상무는 뉴욕 IBM에서 6년간 인지 IoT, 클라우드, 네트워크 분야에서 마케팅, 전략, 솔루션 판매를 담당한 후 2016년 10월 삼성에 합류했다.

"2022년이면 당신 집은 인공지능의 치열한 전쟁터가 될 것입니다."

브루스 앤더슨Bruce Anderson IBM 전자부문 사장은 세계지식포 럼 '사물인터넷IoT, 인공지능AI이 만드는 스마트홈' 세션에서 일각에서 제기되는 AI 거품론에 대해 반박하면서 이같이 말했다. 최근 3~4년 간 AI 스피커 등이 나왔지만 실제 생활에 미치는 영향은 아직 미미 하다는 지적에 대해 그는 "AI가 각 가정에 대량으로 보급되는 시점은 2022~2025년이 될 것"이라며 "사람들이 AI 필요성을 이해하고 있고 스피커 등을 통해 적응하기 시작했지만 현재는 데이터가 턱없이 부족 하다"고 말했다.

이 세션에 참석한 앤더슨 사장과 구성기 삼성전자 상무는 2017년 세계지식포럼에도 참석해 'AI가 바꿀 삶에 A to Z'에 대한 얘기를 나눈 바 있다. 구 상무는 "AI가 우리 삶을 파고들 경우 삶의 외연이 넓어지 며 추가적인 질적 성장을 기대할 수 있다"며 "여가시간 확대를 지난해 얘기했다"고 말했다. 이어 그는 "작년보다 AI 기술이 많이 성숙했다"며 "기기 제조사들의 노력으로 결국 우리 실생활로 AI가 들어오기 시작했다"고 말했다.

그는 "이제 많은 사람이 기상정보를 AI 스피커에 묻고, '나 오늘 뭐 입을까'를 묻는다"며 "최첨단기술의 통합이 이제는 실생활 서비스에 적용되고 있다"고 말했다. 특히 소비자의 문제를 해결해 줄 수 있도록 맥락을 알아듣는 것이 가능해졌고 성공적으로 답변을 제공하고 있는 것 같다"고 평가했다.

구 상무는 생활가전들이 연결되는 '진짜 스마트홈' 시대가 2018년 시작됐다고 진단했다. 그는 "지금까지 가전업체들의 스마트홈 전략은 '양치기 소년'이었다. 기술만 앞섰지 현실은 따라가지 못했다"고 말했다. 이어 구 상무는 "홈 IoT 경쟁력의 핵심은 얼마나 가치 있는 사용자 경험UX을 창출하느냐에 달려 있다"며 "모든 기기를 연결하는 것이 중요한 게 아니라 그것을 통해 실질적으로 가치 있는 경험과 서비스를 소비자들에게 제공할지가 삼성전자 홈 IoT 개발 전략의 방향성일 것"이라고 덧붙였다.

실제 최근 정보통신기술ICT 분야는 우리가 일상생활에 마주하는 소비자의 가정까지 AI와 IoT 기술에 기반을 둔 서비스를 제공하고 있다. 많은 기업이 '홈'을 지배하기 위한 경쟁에 들어간 것이다. 하지만 아직은 데이터가 충분하지 않아 그 서비스가 매끄럽지 못할 때가 있다는 지적이 나오고 있다.

이에 대해 앤더슨 사장은 "우선 집 안에 세탁기, 냉장고, 청소기 등 가전이 AI와 원활하게 대화하는 것이 가장 큰 숙제"라며 "만약 누군가 집에서 자고 있는 동안 청소기를 꺼달라는 걸 AI가 알아야 하는데 이런 점에서 아직 해결해야 할 것이 많다"고 말했다.

AI가 발전하기 위해서는 신뢰할 수 있는 데이터 축적이 선행돼야 한다는 얘기다. 그는 "결국 데이터를 제공하는 사람이 평소 휴식이나 수면 패턴 등 정보를 AI와 인터넷에 연결된 IoT 기기 등을 통해 제공하는 것을 꺼리지 않아야 한다"며 "이 절차가 있어야 AI가 수면 중에는 방해 금지 기능을 만들 수 있는데, 현시점에선 이런 데이터가 충분히 없다는 게 가장 큰 문제"라고 말했다.

그는 "사람들이 IoT 기기 등을 통해 어떤 정보가 제공되는지 투명하게 볼 수 있어야 더 나은 빅데이터가 생성될 수 있다"며 "특히 의료나 복지 같은 공공재적 정보는 개인이 데이터를 만들고 궁극적인 권한을 갖고 있기 때문에 투명성과 신뢰성이 꼭 필요하다"고 설명했다.

이어 앤더슨 사장은 "어떤 기술이 발전되고 상용화되기까지 소요되는 속도와 시간은 저마다 다르다"며 "AI가 결국 필요에 의해 시작된 아이디어이기 때문에 결국 사람들이 적응하기 마련이고 앞으로 기능은 더 간편화되기 마련"이라고 말했다. 그는 "냉장고, 도어락, 자동센서 같은 부분이 먼저 발전할 것"이라며 "스마트홈은 에너지와도 연관이 되어 있기에 시너지가 날 가능성이 크다"고 말했다.

최근 IBM은 AI가 데이터를 처리하는 과정에서 성차별이나 인종차별 등의 편향성을 보이지 않는지 등을 보여주는 소프트웨어인 'AI 오픈 스케일'을 발표했다. 예를 들어 AI가 차량사고 발생 시 차량 검사를 해 보험을 청구한다면 이를 결정하는 과정을 이해하고 설명할 수 있도록 하는 것이다. 그는 "점점 더 많은 소비자가 더 나은 경험을 얻기 위해서는 AI가 완전히 통제 가능한 기술이란 신뢰를 얻어야 한다"며 "사람들이 자신들의 정보를 기여해야 더 나은 큰 데이터가 생성될 수 있다는 점을 계속 보여줘야 한다"고 말했다.

두 연사는 미래에 AI에 대해 예상하면서 정보 주체와 보관하고 있는 사람에 대한 투명성이 매우 중요하다는 것에 동의했다. 앤더슨 사장은 "나만의 전용 공간을 신뢰할 수 있는 대상에게 데이터를 줘야 하는데 그 대상을 믿지 못하면 어떤 정보도 제공할 수 없다"며 "소비자가 기기가 어떤 정보를 가져가는지 열람할 수 있어야 한다. 즉 투명성이 있어야 한다"고 말했다.

구 상무는 "데이터의 신뢰가 매우 중요하다"며 "악용되지 않도록 장치를 만들고 서로 믿어야 한다. 이런 점들이 사회적으로 약속됐을 때 AI와 IoT의 대대적인 보급이 가능할 것으로 보고 있다"고 말했다.

배달 로봇의 진화

다이아나 아파리시오 키위 캠퍼스 영업 및 전략 파트너십 총괄

2016년 설립된 콜롬비아의 스타트업 키위 캠퍼스는 미국 UC버클리와 UCLA에서 로봇 배달을 상용화했다. 현재까지 만 2,000건의 배달을 성공적으로 완료했다. 아파리시오 총괄은 2017년 키위 캠퍼스에 합류했다. 애완동물 관련 제품 판매 기업 키리Kirii를 비롯해 다수의 스타트업을 창업한 경험이 있다. 콜롬비아 로스안데스대학교에서 산업공학을 전공했다.

머지않아 길거리에서 음식을 배달하는 로봇을 볼 수 있을 전망이
다. 2001년 최초의 로봇 청소기가 탄생한 지 17년 만이다. 최근 글로벌
기업들은 로봇 배달을 연내(2018) 상용화하겠다는 계획을 잇따라 발표
하고 있다. 스카이프Skype의 창업자가 2014년 설립한 영국의 스타트업
스타십Starship은 현재 워싱턴DC 등에서 시험운행을 하고 있다. 중국
의 알리바바그룹 역시 연내 상용화를 목표로 중국 항저우에서 시험 작
업 중이다.

제19회 세계지식포럼에는 콜롬비아의 로봇 배달 스타트업 키위캠
퍼스Kiwi Campus의 다이아나 아파리시오Diana Aparicio 영업 및 전략 파
트너십 총괄이 연사로 참석했다. 2016년 설립된 키위 캠퍼스는 이미
UC버클리와 UCLA 지역에서 로봇 배달을 상용화해 성공적으로 운영
하고 있다. 잠바주스와 치폴레 등 유명 체인은 물론 다수의 지역 상점
과 제휴를 맺었다. 현재까지 만 2,000건의 배달을 완료했다.

키위 캠퍼스는 배달 과정을 3단계로 나눠 각기 다른 로봇을 운영한
다. 먼저 레스토랑봇Restaurant Bot이 식당에 상주하며 음식을 받아 키

위 세발자전거Kiwi Trike에 전달한다. 키위 세발자전거에는 키위봇Kiwi Bot 여러 대가 실려 있다. 키위 세발자전거가 최종 도착지 근처까지 키위봇을 운반하면 키위봇이 수백 미터를 이동해 소비자에게 음식을 전달한다. 소비자는 애플리케이션을 통해 배달 상황을 실시간으로 확인할 수 있다. 전반적인 과정이 로봇의 자율주행으로 운영된다. 사람은 레스토랑봇에서 음식을 옮겨 실을 때만 관여한다. 키위 캠퍼스에 따르면 평균 배달시간은 27분이다.

아파리시오 총괄은 '배달 로봇의 진화' 세션에서 "현재 키위봇은 사람과 자동차, 자전거 등 각기 다른 물체를 인식할 뿐만 아니라 장애물이 있으면 스스로 경로를 수정해 운행하고 있다"고 말했다. 그는 "지속적인 훈련과 학습을 통해 자율주행 능력이 계속 나아지는 중"이라고 설명했다.

키위 캠퍼스가 처음부터 자율주행 기술을 구현한 것은 아니었다. 2017년 2월 최초 개발한 로봇은 여러 면에서 부족했다. 사람이 직접 로봇을 운전해야 했다. 음식을 담기 위해 슈퍼마켓에서 작은 바구니를 사서 장착하기도 했다.

아파리시오 총괄은 키위 캠퍼스의 창업 과정 역시 무모한 도전의 연속이었다고 설명했다. 펠리페 차베즈Felipe Chavez 공동창업자 겸 최고경영자는 콜롬비아에서 무작정 미국의 UC버클리 학생 100명에게 소셜네트워크서비스SNS로 연락해 사업 아이디어에 대한 의견을 물었다. 그중 한 명에게서 같이 해보자는 연락을 받고 3,000달러만 갖고 미국으로 갔다. 돈이 없어 렌터카에서 잠을 자면서도 교수와 대학생들을 만나며 조언을 구하고 인재를 모았다. 아파리시오 총괄은 우선 과감히 시도한 것이 이후 성장할 수 있는 원동력이 됐다고 강조했다. 그는 "처음부터 완벽할 수는 없다"며 "일단 사업 아이디어를 구현해보고 계속 개선, 발전시켜 나가는 게 중요하다"고 말했다.

글로벌 기업에 비해 기술 역량과 자원이 부족함에도 불구하고 빠르게 서비스를 상용화할 수 있었던 비결도 여기에 있다. 아파리시오 총괄은 "로봇 배달과 관련해 아직 법과 제도가 제대로 갖춰지지는 않았지만 우선 대학 내에서만 운영하는 조건으로 UC버클리 관할 경찰의 승인을 받았다"고 말했다. 이어 그는 "일단 상용화를 해 운영을 하고 있다보니 규제가 엄격한 지역으로 알려진 미국 텍사스 오스틴에서 지역 내 시험 운영을 해보라고 먼저 연락이 오기도 했다"고 말했다.

키위 캠퍼스는 초기 UC버클리의 스타트업 육성 프로그램의 지원을 받았다. 이후 L벤처그룹LVenture Group과 퍼스트록 캐피털Firstrock Capital 등에서 투자를 받았다. 새로 확보한 자금을 바탕으로 2018년 연말까지 캘리포니아 내 팔로알토와 산호세 등 지역으로 사업을 확장할 계획이다. 아파리시오 총괄은 사업 기회가 충분하다고 자신했다. 그는 "배달 직원을 고용하면 시간당 5~6달러가 들지만 키위봇을 쓰면 3.8달러면 된다"며 "앞으로는 키위봇 운영비용을 시간당 1달러까지 떨어뜨릴 계획"이라고 말했다.

로봇 배달 사업의 가장 큰 우려 중 하나는 로봇이 도난당할 수 있다는 점이다. 아파리시오 총괄은 이에 대해 "사업을 시작한 뒤로 한 대도 도난당하지 않았다"고 말했다. 그는 "혹시 모를 상황을 대비해 보험은 가입해놨다"고 말했다. 키위 캠퍼스는 도난을 방지하고 사람들이 로봇을 친근하게 느끼게 하기 위해 다양한 노력을 기울이고 있다. 아파리시오 총괄은 "로봇이 지역사회의 일원이 되는 것이 매우 중요하다"며 "다양한 행사에 키위봇이 참가하는 한편 키위봇과 관련된 콘텐츠를 만들어 SNS상에 공유하고 있다"고 말했다.

키위 캠퍼스는 최근 UC버클리에서 콜롬비아의 메데인Medellin으로 사무실을 이전했다. UC버클리에는 영업팀을 비롯해 소수 직원만 남았다. 아파리시오 총괄은 "UC버클리 학생은 구글, 아마존 등 좋은 기업에서 일할 수 있지만 콜롬비아 청년들은 좋은 일자리를 구하기가 어렵다"며 "콜롬비아에서 양질의 일자리를 창출하는 데 기여하고 싶다"고 말했다. 이어 그는 "키위 캠퍼스의 사례를 통해 작은 스타트업도 실제로 자율주행 로봇을 개발할 수 있다는 것을 많은 사람에게 보여주고 싶다"고 말했다.

인류를 위한 거대한 도약:
내 삶을 바꾸는 5G의 경제사회적 임팩트

라지브 수리 노키아 회장

라지브 수리 회장은 지난 1995년 노키아에 입사한뒤 20년 넘게 한 우물만 파온 '노키아맨'이다. 노키아가 휴대폰 사업부를 떼낸 뒤 회사가 최악의 위기에 처했을 때 바통을 넘겨받아 지금의 글로벌 네트워크 업체로 성공적으로 전환시킨 인물이다. '역전의 귀재 turnaround specialist'로 불릴 정도다. 핀란드의 제지회사로 출발했던 노키아는 1987년 처음으로 휴대폰 시장에 진출했다. 2007년 전 세계 휴대폰 시장 40%를 휩쓸며 1위를 차지할 만큼 승승장구했다. 이후 불과 6년 만인 2013년 노키아는 한때 전 세계를 호령했던 휴대폰 사업을 마이크로소프트에 매각하며 추락했다. 회사 매출도 5분의 1 수준으로 쪼그라들었다. 2014년 노키아 CEO에 오른 수리 회장은 지멘스, 모토로라, 파나소닉의 네트워크 사업부를 인수하며 노키아를 빠르게 네트워크 업체로 전환시켰다. 특히 2015년 유선통신 장비업체 강자였던 프랑스 알카텔루슨트를 인수하며 글로벌 통신 네트워크 시장에서 단숨에 2~3위 업체로 부상했다. 2017년에는 드디어 흑자 전환에 성공했다. 고비마다 주력 업종을 과감히 전환하는 카드로 반전 드라마를 쓴 것이다.

"5G는 전기, 엔진, 인터넷과 같이 세상을 바꾸고 산업을 변화시키는 본질적인 기술이다. 과거 인간의 달 착륙처럼 인류에 큰 도약을 가져올 게임 체인저가 될 것이다."

라지브 수리Rajeev Suri 노키아 회장은 2018년 10월 11일 서울 장충아레나에서 열린 제19회 세계지식포럼에서 5세대 이동통신이 4차 산업혁명의 핵심기술로 볼리는 인공지능, 자율주행차, 클라우드, 스마트시티 등을 모두 담아내는 인프라스트럭처가 될 것으로 전망했다.

수리 회장은 "앞으로 10년간 5G가 만들어낼 새로운 수익만 전 세계적으로 12조 달러에 달하고 새롭게 창출될 일자리도 2,200만 개에 달한다"고 전망했다. 5G 상용화는 전 산업에 전례 없는 혁명을 예고하고 있다. 당장 소비자가 체감하는 서비스도 획기적으로 진화한다. 수리 회장은 "고화질 영상을 고속으로 전송할 수 있게 되면서 획기적인 속도 개선은 물론 데이터 전송비용도 크게 떨어뜨릴 수 있다"며 "데이터 수용능력 면에서도 5G는 4G의 100~1,000배에 달할 전망"이라고 설명했다. 특히 가상현실VR, 증강현실AR 등이 지금과는 차원이 다른 서비스로 거듭날 전망이다. 수리 회장은 "야구, 농구 등 스포츠 경기를 집에서도 마치 현장에 앉아 있는 것처럼 볼 수 있다"며 "4G가 3G에 비해 단순히 속도만 높였다면, 5G는 소비자들의 많은 것을 바꿀 수 있다"고 설명했다. 특히 수리 회장은 "헬스케어는 5G로 가장 큰 변화를 맞이하게 될 것"이라며 "현재 4G에선 불가능하지만 5G가 상용화되면 구급차에서 실시간으로 환자의 대용량 영상정보를 전송할 수 있게 돼 병원 도착과 함께 최적의 치료가 가능해진다"고 설명했다. 현재 운동량, 활동량 측정 등 피트니스 기능에 그치던 웨어러블 기기들도 실시간으로 당뇨, 콜레스테롤 등을 측정할 수 있게 돼 정밀 의료기기 역할을 대신할 수 있게 된다. 수리 회장은 "5G는 과거 증기선이 가져온 세상의 변화보다 더 큰 변화로 삶의 질을 끌어올릴 것"이라고 말했다.

2G로 무선통화가 가능해졌고, 3G는 이메일 시대를 열었다. 4G는 모바일 기술을 활성화시키며 우버, 에어비앤비 등과 같은 공유경제의 촉매제가 되었다. 수리 회장은 5G로 달라질 세상은 기존의 모습과는 전혀 다를 것이라고 내다봤다. 수리 회장은 "대용량, 빠른 속도, 초저지연이라는 5G의 특성으로 이젠 대용량 데이터를 전송하는 속도가 전례 없이 빨라지고 비용 역시 80~90% 이상 줄어들 것"이라고 설명했다.

5G 속도는 4G보다 20~100배 빠르다. 데이터 용량도 100~1,000배 커진다. 이 때문에 고화질 영상의 실시간 전송은 물론 가상현실, 증강현실과 같은 실감형 미디어 서비스가 활성화되는 것을 시작으로 산업 전반에 큰 파급효과를 가져오게 된다. 수리 회장은 "4G는 3G에서 단순히 속도만 빨라졌지만 5G는 새로운 소비자 서비스는 물론 수많은

새로운 B2B 서비스의 인프라가 될 것"이라고 말했다. 특히 제조업 혁신은 물론 헬스케어, 물류, 자율주행 등의 영역에서 획기적인 발전이 이뤄질 것으로 전망된다.

일각에서 5G가 차별화된 서비스 창출에 어려움을 겪을 것이라는 일각의 회의론에 대해서도 그는 "4G가 상용화됐을 때도 똑같은 회의론이 있었지만 공유경제라는 새로운 산업을 만들어냈다"며 "네트워크 공급자가 먼저 새로운 기술을 선보이며 시장을 개척하면 이후에 새로운 제품, 서비스가 자연스럽게 만들어지며 완전히 새로운 시장이 열리게 된다"고 말했다.

정보기술IT에 투자하더라도 생산성에는 영향을 미치지 않는다는 게 로버트 솔로 하버드대학교 교수가 주장한 생산성 패러독스 이론이다. 수리 회장은 "지금까지 기술들은 많은 것을 변화시켰지만 실제 생산성을 끌어올리지는 못했다"며 "5G는 생산성 패러독스를 해결할 유일한 기술"이라고 단언했다. 실제 미국의 경우 지난 70년간 생산성은 오히려 후퇴했다. 1970년대 3차 산업 이후 생산성 성장률은 그전 100년간에 비해 3분의 1 수준으로 떨어졌다. 5G 이동통신이 바꿔놓을 세상은 기존 경제학 이론을 뒤집을 만한 파괴력을 가지고 있다.

수리 회장은 "2G, 3G, 4G까지 통신기술 발달로 인터넷, 소셜네트워크서비스 등 더 많은 새로운 서비스들이 출현했지만 생산성 향상에는 큰 효과가 없었다"며 "5G는 이 모든 것을 바꿔놓을 것"이라고 밝혔다. 노키아의 시뮬레이션에 따르면 5G는 1~3차 산업혁명이 달성하지 못한 생산성 혁명을 이뤄낸다. 수리 회장은 "5G가 가져올 효과로

2028~2033년에 미국의 생산성은 한 자릿수가 아니라 30~35% 증가할 것"이라며 "1950년대 생산성 황금기와 맞먹는다"고 말했다. 그는 "이런 생산성 혁명은 단순히 미국에 국한되는게 아니고 5G가 상용화될 한국, 중국, 일본 등지에서도 생산성 도약이 이뤄질 것"이라고 덧붙였다.

노키아는 한때 '피처폰의 제왕'으로 불리며 휴대폰 업계를 주름잡았지만 스마트폰 전환에 실패하며 지금은 네트워크 업체로 탈바꿈했다. 수리 회장은 "노키아는 1990년대 이후 휴대폰 회사로 변신에 성공했고, 2014년 다시 네트워크 회사로 탈바꿈했다"며 "용기 있는 결정으로 큰 변화를 만들어내는 게 바로 노키아의 강점"이라고 말했다. 실제 2014년 휴대폰 사업부를 매각한 뒤 노키아는 지멘스, 모토로라, 파나소닉의 네트워크 사업부를 인수해 업종 전환에 나선 뒤 2015년 유선통신 장비업계 강자 프랑스 알카텔루슨트를 품에 안았다. 단숨에 강력한 유무선 포트폴리오를 구축함으로써 2~3위 글로벌 네트워크 업체로 발돋움했다.

노키아의 다음 승부수는 5G 이동통신이다. 수리 회장은 "5G 시대를 맞으면서 알카텔루슨트를 인수한 시너지가 본격적으로 발휘될 것"이라고 말했다. 그는 "5G 시장이 가져올 B2C는 물론 B2B 시장에서 노키아는 더 많은 비즈니스 기회를 가질 수 있을 것"이라며 "노키아는 5G 시대 선도업체가 될 것"이라고 강조했다. 네트워크 업체로 성공적으로 전환했지만 한때 '피처폰의 제왕'에서 몰락한 것은 노키아에 뼈아픈 역사다. 하지만 수리 회장은 "노키아는 매각을 후회해본 적이 없다"며 "가장 적절한 시기에 가장 올바른 결정을 내린 것"이라고 단언했다.

웨어러블 기기의 헬스케어: 변곡점 맞은 의료의 디지털화

댄 바닷 메도패드 창립자 겸 최고경영자 외

댄 바닷 메도패드 창립자는 존스홉킨스대학교와 옥스퍼드대학교에서 생명공학 박사 과정을 이수했으나 박사 과정을 마치기 전 학교를 떠나 매도패드를 창업했다. 메도패드는 인류가 장수할 수 있는 시스템을 만들어나가는 영국의 헬스테크 회사다. 레이 싱 스탠퍼드대학교 의대 교수는 의학 영상, 의학의 인공지능, 치료 계획, 영상유도 중재, 나노의학, 방사선 종양학의 분자영상 응용에 초점을 맞추고 있다. 구글 스콜라 상을 받은 바 있다.

"처방전을 메도패드로 받을 수 있습니다. 몇 년 전엔 규제 때문에 상상할 수 없는 일이었죠."

댄 바닷Dan Vahdat 메도패드Medopad 창립자는 한 수학자의 죽음을 두고 아쉬워하며 '환자·의료진 간 연결성 증진'을 목표로 2011년 영국에서 회사를 설립했다. 제19회 세계지식포럼에서 그는 "그에게 만약 5년이 더 있었다면 아직 아무도 풀지 못한 미해결 문제가 풀렸을 것"이라며 "의료의 디지털화로 2025년까지 10억 명이 넘는 인구의 삶이 연장될 것"이라고 말했다.

그는 "당뇨, 파킨슨병 등 만성질환을 앓는 환자를 의사가 24시간 관찰해야 한다"며 "인생을 살아가면서 만성병 환자들이 병원을 방문해야 하고 정기검진을 하지만 시간 낭비로 끝나게 된다"고 말했다.

결국 많은 경우 예기치 못한 이상 증상이나 합병증 징후를 사전에 감지할 수 없고 악화되거나 죽음에 이르게된다는 얘기다. 메도패드는 실시간 데이터를 의료기기를 통해 전달받는 기업이다. 메도패드는 환자가 스마트워치 등 웨어러블 기기를 착용하면 이를 통해 환자의 주요 생체정보를 실시간으로 수집한다.

　심박, 혈압, 운동량, 수면 상태, 특정 자극에 대한 반응시간 등 만성질환자를 돌보는 의사에게 필요한 정보를 제공하고 빅데이터를 축적한다. 미국 애플 등 세계 주요 기업과 협업하는 이 회사는 중국 텐센트, 레노버, 핑안보험 등 15개 기업으로부터 1억 4,300만 달러(약 1,540억원)를 투자받았다. 이미 메도패드가 세계적 제약사 바이엘의 지원을 받는 상황에서 중국계 공룡 정보통신기술 기업, 보험업체 등이 추가로 지원한 것이다. 바닷 CEO는 테리사 메이 영국 총리가 중국을 방문할 때 동행해 이 같은 계약을 체결했다. 스타트업 경영자로는 유일하게 사절단에 포함됐다. 그는 "희귀병이나 만성질환을 앓는 환자들은 일상의 95% 정도를 병원 밖에서 보낸다"며 "대부분 처음 진단을 받은 병명이 아닌 합병증으로 사망하는데 원격 환자 모니터링 솔루션은 이런 환자들에게 큰 도움이 될 수 있다"고 말했다. 최근 미국 등을 중심으로 의료 규제가 완화되면서 웨어러블 기기가 정보를 수집하고 이를 근거로 처방하는 것이 가능해졌다. 실제로 의사들이 환자 질병의 상태를 지속적으로 파악할 수 있게 되면서 의료 시스템에 변화가 생기고 있다. 인공지능AI은 이 솔루션을 통해 수집한 데이터를 바탕으로 질병을 예측하고, 자칫 생명을 위협할 수 있는 건강 상태를 미리 발견할 수 있도록 도와준다.

　메도패드는 현재 영국, 독일, 중국 등 10개 언어권에서 사업을 펴고 있다. 싱가포르에서는 국가정책 과제에 메도패드 서비스가 활용되고 있다. 바닷 CEO는 "메도패드가 당장 수익을 올리지는 못하고 있다. 중요한 건 환자들이 더 나은 의료 서비스를 받는 것"이라고 말했다.

레이 싱Lei Xing 스탠퍼드대학교 의대 교수는 제19회 세계지식포럼에서 의료의 디지털화가 환자들의 치료에 효율성을 가져올 것이라고 자신했다. 그는 "AI가 과거의 경험을 토대로 예상하고 분석할 수 있기 때문에 미래의 치료혁신을 주도할 수 있다"고 소개했다. 또 현재 의료계는 3분의 1 이상의 비용을 사람에 의존함으로써 낭비하고 있는데, 디지털화가 빠르게 진행되면 대형 병원을 찾거나 진료할 때 대기해야 하는 상황, 통계 작성을 위해 낭비되는 시간도 획기적으로 줄어들 것이라고 예측했다.

그는 "최근 〈네이처〉에 게재된 피부암 연구를 보면 13만 명의 환자를 테스트하고 2,000개가 넘는 이미지를 보고 진단하게 했더니 의사와 비슷한 수준의 진단을 해냈다"며 "결국 이런 연구가 발전하면 피부를 스마트폰으로 찍어 피부암을 진단해내는 일이 가능해진다"고 말했다. 또 당뇨 환자들의 경우 시력을 상실할 수 있는데 망막 사진을 찍고 정기검진의 방법으로 이를 판단하는데, 이 역시 로봇이 안과 의사들과 별 차이 없는 정확한 진단을 해냈다는 것이다. 이처럼 진단 분야에선 이제 심혈관계 질환까지 90% 이상 진단해낼 수 있단 얘기다.

그는 "AI가 의학계에 가져올 수 있는 엄청난 변화로 인공지능 의학 분야가 활기를 띠게 됐다"며 "인공지능 기반 영상 재구성, 치료 계획, 영상유도 시술, 암 진단, 방사선 치료 효과 측정은 이제 로봇이 맡게 될 것이며 AI로 인해 의료계는 이미 도전에 직면해 있다"고 말했다.

레이 싱 교수는 1950년대에 이미 AI와 관련한 태동이 있다고 소개했다. 1957년 스탠퍼드 카트라는 자율주행차가 나왔고, 이미 관련 콘퍼런스도 개최된 바 있다는 설명이다. 하지만 곧바로 AI의 암흑기가 왔다. 사람들이 열광적으로 컴퓨터가 모든 문제를 해결할 것이라고 믿었지만 실제 시간이 더 걸렸고, 많은 도전 과제들이 나왔기 때문이다. 하지만 이를 극복한 정보통신기술이 발전하면서 사물이나 데이터를 군집화하거나 분류하는 데 사용하는 기술인 딥러닝이 가능해졌고, 분류를 통한 예측이 가능해졌다.

그는 인공지능 기술을 사용하면 안면 인식 소프트웨어의 정확도를 97%까지 끌어올릴 수 있었는데, 딥러닝을 시작하면서 27%포인트 정확성이 높아졌다고 했다. 이런 발전이 결국 이세돌이나 커제를 이긴 바둑 분야에서뿐만 아니라 컴퓨터와 사람이 상호작용하면서 매우 복잡한 논리도 펼칠 수 있는 강한 AI로 진화한다는 뜻이다. 엑스레이 영상을 보고 진단을 내리는 것이 현재의 수준이라면 강한 AI를 적용할 경우 로봇이 뇌종양, 폐암 등 수술 영상을 보며 진행하게 된다는 얘기다. 그는 "심혈관계 질환, 특히 종양 수술에 관련된 여러 의료 분야에서 이미 임상에 AI가 적용되고 있다"고 말했다.

이날 '변곡점 맞은 의료의 디지털화' 세션의 사회를 맡은 김영준 한국과학기술연구원KIST 책임연구원은 "의료 현장 속에서 AI, 3D 프린팅, 가상현실 기술 등이 점차 적용되는 시점에 이르렀다"며 "빅데이터를 기반으로 기계가 학습해 사람의 병을 진단하고 치료 계획을 세우는 것은 물론, 의학 교육용 사체 실험 대신 가상현실 기술이 사용될 정도로 4차 산업혁명과 함께 의료 분야도 급변하고 있다"고 말했다.

블록버스터 신약 개발의 핵심 조제법은

케네스 프레이저 MSD 회장

케네스 프레이저 회장은 가난한 건물 관리인의 아들로 태어나 변호사 커리어를 거쳐 대기업 최고경영자까지 오른 입지전적 인물이다. 보수적 문화로 유명한 미국과 유럽 메이저 제약사에서 처음으로 탄생한 흑인 CEO이기도 하다. MSD는 폐렴, 수두, 풍진 등 주요 백신을 세계 최초로 개발한 글로벌 3대 제약사다. 미국 뉴저지에 본사를 두고 있으며 미국·캐나다에서는 머크 Merck & Co. Inc. 사로, 그 외의 국가에서는 MSD로 불리고 있다. 최근에는 91세 지미 카터 전 미국 대통령의 암을 4개월 만에 완치시킨 면역항암제 '키트루다'를 개발해 선전하고 있다. 2017년 MSD은 140개 국가에서 401억 달러(44조 6,000억 원)의 매출을 올렸다. MSD 이사회는 프레이저 회장이 65세가 되는 오는 2019년 12월 이후로도 CEO 현직을 계속 유지할 수 있도록 하기 위해 2017년 9월 CEO의 65세 자동정년제도를 폐지했다.

제약사가 하나의 신약후보물질을 발굴한 뒤 임상시험을 거쳐 미국 식품의약국FDA 판매승인을 받기까지 평균 10~15년의 기간, 26억 달러(2조 9,000억 원)의 연구개발비가 소요된다. 이렇듯 수십 년의 시간을 투자하고 천문학적 자금을 쏟아부어도 신약개발 프로젝트 열에 아홉은 실패로 돌아가고 만다. 다국적 제약사 일라이릴리Eli Lily는 약효 입증에 실패해 지난 27년간 3조 원을 투자해 개발해왔던 치매 신약을 포기한다고 발표했다. 2006년부터 2015년까지 10년간 FDA에 제출된 9,985개 임상시험 자료 분석 결과 임상시험 첫 단계(임상 1상)에 진입한 약물이 최종 승인까지 통과할 확률은 9.6%에 불과했다. 그러나 신약 허가의 좁디좁은 관문을 통과한 소수는 매년 수조 원 이상 매출을 올리는 '블록버스터' 의약품으로 성장한다. 이들의 독점적 권리는 특허 제도를 통해 최소 20년간 보호된다.

케네스 프레이저Kenneth Frazier MSD 회장은 제19회 세계지식포럼 '헬스케어 혁신: 생명을 위한 발명' 세션에서 "단기 실적에 연연해서는 블록버스터 신약을 개발할 수 없다"며 "기업가는 장기 비전을 갖고 실패 위험을 감수하는 과감한 결정들을 내려야 한다"고 말했다.

프레이저 회장이 2011년 MSD에 CEO로 취임할 당시 R&D 비용을 줄이고 기업 실적을 개선하라는 투자자들의 압박이 높았다. 비용이 많이 들고 실패 위험도 큰 자체 프로젝트를 줄이는 대신 이미 개발이 완료된 약물을 도입하거나 외부 기업·연구소에서 발굴한 신약후보물질을 사들여 개발을 이어가라는 주문이었다. 그러나 그는 "단기 이익을 좇기 위해 MSD 근간인 R&D 투자를 줄이는 일은 없을 것"이라고 선언했다. 취임 첫해 기업 장기수익 전망까지 발표하지 않겠다고 하자 월스트리트 애널리스트들은 "주주와의 약속을 어겼다"며 부정적 평가를 내놨다.

프레이저 회장은 "R&D를 지속해가려면 장기적이고 전략적인 관점에서 위험을 감수하는 능력이 필요하다"며 "많은 기업이 자원 부족이나 최신 과학을 다루는 데 따른 위험을 감수하지 못해 이 어렵고도 경이로운 '신약개발 여정'에서 중도 탈락하고 만다"고 말했다.

프레이저 회장이 경영을 맡은 이후 주가는 2배 이상 올랐고 4년 전 FDA 승인을 받은 면역항암제 '키트루다Keytruda'는 2017년 38억 달러(4조 1,000억 원)의 매출을 기록한 블록버스터로 성장했다. 제약업계에서는 키트루다 매출이 매년 19%씩 성장해 2024년에는 127억 달러(14조 2,000억 원), 전 세계에서 두 번째로 많이 팔리는 의약품이 될 것으로 전망하고 있다. 면역항암제는 암 세포를 직접 공격해 죽이는 기존 항암제와 달리 암 환자의 면역력을 키워 암과 싸울 수 있게 하는 치료제다. 항암 치료에 따른 부작용이 적고 환자 생존기간도 길다. 암 치료의 새로운 패러다임을 열었다는 의미에서 '3세대 항암제'라고 불린다.

MSD는 여전히 전 세계에서 R&D에 가장 많은 금액을 투자하는 기업 중 하나다. 2017년 73억 달러(8조 1,000억 원)를 투자했는데 이는 전세계 제약·바이오 산업 R&D 투자 총액의 10%에 해당하는 규모다.

프레이저 회장은 "한국도 바이오·제약 강국으로 발돋움하기 위한 경쟁력을 갖추어가고 있다"며 "이는 정부의 육성정책, 세계적 수준의 연구자들, 우수한 학계 및 의료진 그리고 강력한 헬스케어 시스템을 모두 포함한다"고 말했다. 특히 "제약산업이 탄탄하게 성장하기 위해서는 혁신에 대한 가치를 인정하고 권장하는 환경이 필요하다"며 "최근 발표된 '제약산업 지원 및 육성 특별법'은 정부가 R&D에 상당히 가치를 두고 있음을 시사할 뿐만 아니라 제약산업에 대한 확고한 지원을 약속하는 긍정적인 신호"라고 평가했다.

프레이저 회장은 기업 윤리와 사회적 책임을 강조했다. 그는 "성공한 기업에는 단순히 돈을 많이 벌어 주주들에게 좋은 성과를 되돌려주겠다는 것을 뛰어넘는 어떤 사명이나 목적의식이 존재한다"며 "MSD의 목적은 과학적 한계를 넘어선 연구를 통해 인류의 생명을 구하고 삶을 개선하는 것"이라고 말했다. MSD는 블록버스터 신약뿐만 아니라 후진국 환자 비중이 높아 상업적 가치가 떨어지는 에볼라 바이러스 백신, 회선사상충증River Blindness 치료제 멕티잔MECTIZAN 등의 개발에도 앞장서고 있다. 경영진이 '멕티잔이 필요한 곳이라면 어디든 필요한 만큼 무상 공급하겠다'는 방침을 밝힌 후 30여 개국에서 2억 5,000만 명의 환자가 치료받았으며 콜롬비아, 에콰도르, 과테말라, 멕시코 등

중남미 4개국에서 회선사상충증은 완전히 박멸됐다.

프레이저 회장은 최근 미국 경제잡지 〈포춘〉이 선정한 '2018년 세계에서 가장 위대한 지도자'에 문재인 대통령과 나란히 4·5위에 올라 유명세를 타기도 했다.

그는 2017년 8월 미국 버지니아 주 샬러츠빌에서 발생한 백인우월주의 폭력시위 관련 도널드 트럼프 대통령이 백인우월주의 단체를 옹호하는 발언을 한 데 반발해 가장 먼저 백악관 경제자문위원회를 사퇴한 바 있다. 프레이저 회장은 "기업이 산업 전반에서 발생하는 도덕적 문제들에 대해 적극적 목소리를 내야 하고 사회구성원으로서 정치가 아닌 우리의 가치에 대해 말할 책임이 있다고 생각한다"고 소신을 밝혔다. 그는 "샬러츠빌 사태에 대한 대통령 발언을 들었을 때 편협함과 극단주의에 대항해야 한다고 확신했고, 먼저 이사회에 지지를 요청했다"며 "나의 개인적 가치관뿐만 아니라 회사가 추구하는 가치에 대해서도 이야기해야 한다고 판단했기 때문"이라고 말했다.

두뇌의 비밀

애덤 가젤리 캘리포니아대학교 교수 외

애덤 가젤리 교수는 신경과학, 생리학 및 정신의학과를 전공했으며 캘리포니아대학교 샌프란시스코 캠퍼스UCSF 산하 뇌신경과학 연구센터 뉴로스케이프Neuroscape를 설립했다. 최근 게임이 뇌의 인지기능 장애를 극복하는 데 도움을 주고 궁극적으로 장애를 없앨 수 있다는 연구 결과를 내놓았다. 이 연구를 바탕으로 아킬리 인터랙티브 연구소Akili Interactive를 설립하고 최초의 의료용 게임도 개발했다. 2015년 미국신경과학회에서 수여한 과학교육자상을 수상해 연구 성과를 인정받았다. 박홍근 교수는 나노 과학 및 기술 분야에 손꼽히는 전문가이며 고체 광자, 광전자 및 플라즈몬 장치를 연구 및 개발 중이다. 박홍근 교수는 호암재단 과학상, 국립보건원NIH에서 연구 분야에 탁월한 연구 업적을 가진 과학 리더에게 수여하는 'NIH Director's Pioneer Award' 및 화학 분야 학자들에게 수여하는 장학 프로그램 'Camille Dreyfus Teacher-Scholar Award' 등을 포함 다수의 상을 수상한 바 있다.

COLLECTIVE INTELLIGENCE:
OVERCOMING GLOBAL PANDEMONIUM

"앞으로 의료진은 비디오게임을 뇌 질환을 고치는 치료법 중 하나로 고려해야 할 것입니다. 수술이나 약물로만 환자를 치료할 수 있다고 생각했던 기존 고정관념에서 벗어나 패러다임 전환이 이뤄질 것입니다."

제약부문에서 신약개발을 위한 연구가 활발히 진행되고 있지만 주의력결핍·과잉행동장애ADHD나 알츠하이머, 자폐, 우울증 등 뇌 인지 기능에 문제가 생기면 이를 치료할 수 있는 방법이 별로 없다. 제한적으로 개발돼 있는 약들은 부작용이 크고 원하는 만큼 치료 화과를 내지도 못한다. 개별 환자 특성을 감안한 맞춤형 치료법을 기대하긴 더더욱 어려운 상황이다.

애덤 가젤리Adam Gazzaley 교수는 '두뇌의 비밀' 세션에서 "과학기술 발전으로 개개인의 뇌가 어떤 방식으로 기능하고 반응하는지 알 수 있게 됐다"며 "뇌 신경망에 초점을 맞춰 인지 기능을 향상시킬 수 있는 방법을 연구, 뇌 질환을 치료할 수 있는 비디오게임을 만들었다"고 말했다.

그는 ADHD 아동들을 대상으로 한 임상을 마무리하고 최근 미국 식품의약국FDA 승인을 신청했다. 조만간 비의약품 최초로 FDA 허가를 받을 것으로 예상된다. 가젤리 교수는 "디지털 기술이 새로운 치료 옵션이 되는 것"이라며 "우울증 환자 대상으로 한 임상 3상도 진행 중"이라고 말했다. 이제까지는 ADHD나 우울증이 있는 환자가 병원을 찾으면 의사가 일반적으로 많이 사용되는 약을 처방하고 일정 시간이 지난 후 병원을 재방문해도 효과가 나타나지 않으면 복용하던 약을 바꾸거나 처방량을 늘리는 등 주먹구구식으로 치료가 이뤄졌다. 가젤리 교수는 "대표적인 오픈루프Open-loop 방식으로 환자 특성이나 피드백이 적극 반영되지 않는다"고 설명했다.

가젤리 교수가 개발한 게임은 인지능력 발달에 어떤 영향을 미쳤는지를 중간중간 확인하는 클로즈루프Closed-loop 방식으로 이뤄진다. 그는 "뇌 신경망을 자극할 수 있는 방식으로 게임을 만들고, 그 과정에서 뇌가 얼마나 빠르고 정확하게 반응하는지 측정한다"며 "모션캡처 등의 기술을 통해 게임 이용자 반응을 기록하고 업데이트하면서 개인 능력에 맞춘 게임을 할 수 있다"고 설명했다. 또 게임 과정에서 뇌의 특정 부분을 발달시키려면 어떤 자극과 보상을 줘야 하는지도 알수 있게 된다. 환자가 자각하지 못하더라도 게임을 시행하는 동안 어떤 부분에 자극이 필요한지 진단하고 적정 자극을 주어 부작용 없이 ADHD나 우울증 등을 치료하는 것이 목표다.

가젤리 교수는 향후 게임을 질병 치료뿐만 아니라 교육용으로도 활용하고자 하는 계획을 갖고 있다. 그는 "60대 실험 참가자가 규칙적으로 하루 세 번씩 비디오게임을 시행하자 결국 60대의 게임 플레이 능력이 20대를 앞서는 결과를 가져왔다"며 "게임이 전두엽을 자극하며 인지능력을 발달시켰기 때문"이라고 설명했다.

그는 비디오게임 개발을 '인간의 지능Human Intelligence 개발을 위한 인공지능Artificial Intelligence을 개발하는 작업'으로 정의했다. 가젤리 교수는 "과학기술은 빠르게 발전하는 가운데 인간의 두뇌는 지나치게 많은 정보에 따른 불안감, 본인 능력에 대한 한계, 멀티테스킹을 해야 한다는 압박감에 시달리고 있다"며 "이러한 스트레스가 인지 기능이 떨어지는 부작용으로 나타나는데 뇌과학의 발전은 이러한 부작용을 해결할 수 있을 것"이라고 강조했다.

'두뇌의 비밀' 세션에 참석한 다른 연사인 박홍근 교수는 "사람 머릿속 컴퓨터 칩이 생각을 읽고 사지마비 환자도 의지대로 온몸을 움직일 수 있게 될 날이 머지않았다"고 전망했다. 그는 "외부 변수들을 엄격히 통제한 연구실 환경에서는 이미 많은 것이 가능하다"며 "시각장애가 있는 사람이 앞을 볼 수 있게 만들고 척수가 손상된 환자가 팔다리를 움직일 수 있게 하는 시험도 성공적으로 진행됐다"고 소개했다. 머릿속 컴퓨터 칩이 환자 생각을 컴퓨터 신호로 변환시키고 이후 팔다리에 달린 전극 장치로 전달하면 이 장치가 근육에 전기 자극을 줘 환자 의지대로 몸을 움직일 수 있게 된다는 설명이다. 이 기술이 성공하기 위해서는 무엇보다 컴퓨터 칩이 환자 생각을 정확하게 읽어 신호로 바꿔줄 수 있어야 한다.

우리 뇌는 수백억 개 신경세포로 구성돼 있고 이 신경세포 간 복잡한 상호작용을 통해 뇌가 정상적으로 기능하게 된다. 박 교수는 "뇌가 어떻게 기능하는지 알아보기 위한 첫 단계는 '두뇌 지도 그리기'"라고 소개했다. 그는 "신경세포에는 어떤 것들이 있고 어느 부분에 위치하고 있으며 또 어떻게 상호작용을 하는지, 저를 비롯해 많은 과학자가 지도 그리기에 매달려 있다"며 "초파리 등 상대적으로 단순한 두뇌의 지도 그리기는 완성됐고 인간 두뇌에 대해서도 곧 완성도 높은 지도가 탄생할 것으로 기대한다"고 말했다.

인간 뇌 속을 들여다보려는 시도 중 하나가 컴퓨터 칩을 뇌에 이식하는 것이다. 박 교수는 "칩을 뇌 속을 들여다보는 카메라로 활용하려는 것"이라며 "뇌 세포들 간 상호작용이 어떻게 이루어지는지, 큰 소리로 이뤄지는 대화뿐만 아니라 속삭이는 신호까지 파악해내는 것이 현재 연구 목표"라고 강조했다.

그는 "아직까진 야구 경기장 밖에서 관중들이 지르는 환호성과 야유 소리만 듣고 실제 경기가 어떻게 진행되는지 추리하는 수준"이라며 "직접 경기장에 들어가서 경기를 관람해야 정확한 내용을 알 수 있는 것처럼 뇌 속을 들여다볼 고도로 정밀화된 장치가 필요하다"고 말했다. 다만 "관련 연구와 기술의 개발이 빠른 속도로 이뤄지고 있어 향후 10~15년 내에 뇌 기능에 대한 파악이 끝나고 이후 컴퓨터 칩 이식으로 환자가 장애나 질병을 이겨내는 사례가 나올 것"이라고 기대했다.

경상북도 스마트X 프로젝트

스티븐 이젤 미국 정보기술혁신재단 부대표 외

스티븐 이젤은 미국 정보기술혁신재단은 혁신 관련 정책 솔루션을 연구하는 비영리 연구기관의 대표다. 디에고 아레세스 슈나이더일렉트릭 동북아시아 총괄대표는 프랑스의 자동화 기업 슈나이더일렉트릭에서 동북아시아 지역의 자동화 및 공정 제어 사업을 총괄하고 있다. 황종운 한국과학기술연구원 유럽연구소 스마트융합사업단장, 김진한 경북창조경제혁신센터장, 실라 워렌 세계 경제포럼 블록체인 총괄, 실뱅 로랑 다쏘시스템 수석부사장, 켄트 라슨 MIT 미디어랩 도시공학 대표도 함께 참여해 각자의 지식을 공유했다.

경상북도는 전체 산업 중 제조업이 43%의 비중을 차지한다. 지난 40년간 전자·철강·자동차부품 산업으로 한국 제조업을 이끌어왔다. 하지만 정보화 시대에 대한 대응이 늦어 경쟁력을 잃어가고 있다. 전통적 산업도시 구미의 수출 비중은 2009년 전국 1위(6.3%)에서 2018년 5위(3.5%)로 떨어졌다. 여기에 인구 감소 문제까지 겹치면서 도시가 아예 소멸될 위험에 처해 있다.

서울 신라호텔에서 열린 제19회 세계지식포럼에서는 경북과 같은 지방의 위기를 극복하고 새로운 성장동력을 모색하기 위해 국내외 석학과 기업가가 모여 머리를 맞대는 자리가 마련됐다. 특별세션 '경상북도 스마트X 프로젝트'에서다. ① 제조업 고도화와 스마트 팩토리 성공적 추진 전략 ② 도시의 진화, 지속가능 미래 스마트시티를 주제로 두 개의 세션이 열렸다.

첫 번째 세션에서 연사들은 스마트 팩토리에 엄청난 성장 가능성이 있다고 입을 모았다. 스티븐 이젤Stephen Ezell 미국 정보기술혁신재단 ITIF 부대표는 "첨단 정보통신기술을 접목한 스마트 제조를 통해 전 세계 공장의 생산성이 25% 증가할 것으로 기대된다"고 말했다. 황종운 한국과학기술연구원 유럽연구소 스마트융합사업단장도 "최근 유럽집행위원회에서는 디지털 혁명만이 유럽 사회가 당면한 수많은 문제를 해결해줄 수 있다는 결론이 나왔다"고 말했다.

이젤 부대표는 글로벌 자동차 기업 포드의 사물인터넷 활용 사례를 제시했다. 그는 "포드는 공장의 거의 모든 생산장비에 센서를 부착해 데이터를 수집, 분석하고 있다"고 말했다. 이어 그는 "이를 통해 어느 장비에 이상이 있고 원인은 무엇인지 추적할 수 있을 뿐 아니라 오작동을 사전에 방지함으로써 20억 달러를 절감할 수 있었다"고 말했다.

이젤 부대표는 개별 공장을 넘어 공급망 전체에 통합 네트워크를 구축함으로써 효율성을 극대화하는 것이 가능하다고 내다봤다. 그는 "오스트리아에서 BMW에 납품하는 협력업체들의 생산장비는 독일 뮌헨에 있는 BMW 본사 시스템과 연결돼 있다"며 "BMW는 자동차 부품에 관여하는 모든 생산장비의 정보를 수집, 분석해 활용할 수 있다"고 말했다.

슈나이더일렉트릭의 디에고 아레세스Diego Areces 동북아시아 총괄 대표도 "지금은 데이터가 가장 소중한 자원"이라며 사물인터넷을 통한 네트워크 구축을 강조했다. 특히 아레세스 총괄대표는 인공지능이 접목될 때 데이터 분석의 진가가 발휘될 수 있다고 설명했다. 그는 "데이터가 점점 더 많아지고 있다"며 "인공지능은 분석 속도가 빠를 뿐 아니라 분석 결과를 토대로 최적화optimization를 추구할 수 있다"고 말했다. 또 아레세스 총괄대표는 클라우드 시스템을 활용할 것을 조언했다. 클라우드는 저장 공간과 애플리케이션 등을 자체 설치하거나 보유하지 않고 인터넷상에서 빌려 쓰는 것을 말한다. 공장 시스템에 인공지능이 없어도 클라우드에 데이터를 보내 인공지능 분석을 활용할 수 있다. 또 수많은 공장의 데이터를 실시간으로 수집, 분석하는 것이 가능해 훨씬 더 많은 데이터를 활용할 수 있다.

기술이 자동화를 심화시켜 일자리가 줄어들 것이란 우려에 대해선 오히려 일자리가 창출된다는 반론이 나왔다. 이젤 부대표는 "최근 한 연구에 따르면 1993~2007년 10여 개국 중 공정 자동화율이 가장 낮은 국가가 제조부문에서 일자리가 가장 크게 사라졌다"고 말했다. 그는 "효율성을 높이지 못하면 산업 전체가 사라지기 때문"이라고 설명했다.

자금 여력이 적고 정보가 많지 않은 중소기업의 스마트 팩토리 도입을 높이기 위해선 정부 및 지방자치단체의 적극적인 정책과 홍보가 필요하다는 의견이 나왔다. 이젤 부대표는 "미국과 같이 벤치마킹 평가지표를 만들어 다양한 도입 사례를 알리는 것이 중요하다"고 말했다. 이철우 경북도지사는 세션 개회사에서 "2020년까지 경북 중소기업 1,000곳에 스마트 팩토리를 보급하겠다"고 말했다. 경북은 스마트 팩토리 지원을 위해 100억 원 규모의 펀드를 조성했다. 포스텍(포항공과대학교)에는 경북인공지능거점센터를 건립해 운영하고 있다. 포항, 구미 등에 스마트 팩토리 시범단지도 조성할 예정이다. 세션 진행을 맡은 김진한 경북창조경제혁신센터장은 "다양한 첨단기술을 추가로 접목해 경북 중소기업의 스마트 제조를 점진적으로 고도화해갈 것"이라고 밝혔다.

두 번째 세션에서는 스마트시티의 다양한 모습이 제시됐다. 스마트시티는 지방도시에 인재와 기업을 불러 모을 수 있는 대안으로 주목받고 있다. 경북은 의성군을 농업에 특화된 스마트시티로 만드는 등 지역별 특성을 고려한 맞춤형 스마트시티를 구상하고 있다. 2017년 지진으로 큰 피해를 입은 포항에는 스마트 재난안전 시스템 구축을 추진한다. 이를 위해 스마트시티 거점센터를 2019년부터 운영할 계획이다.

실라 워렌Sheila Warren 세계경제포럼 블록체인 총괄은 세션 발표에서 "미래 도시에서는 더 이상 종이 문서 없이 모든 결제수단이 블록체인 형태로 바뀌게 될 것"이라고 전망했다. 그는 "도시의 교통, 폐기물 처리, 수자원 관리 등을 위한 블록체인 기반의 결제 네트워크가 구축될 것"이라고 말했다. 실뱅 로랑Sylvain Laurent 다쏘시스템 수석부사장은 미래 도시를 만드는 데 디지털 트윈digital twin이 중요한 역할을 할 것이라고 설명했다. 디지털 트윈은 현실 세계를 가상공간에 똑같이 구현해 다양한 조건과 상황을 시험해봄으로써 시행착오를 줄이고 최적화를 추구하는 기술이다. 로랑 수석부사장은 "디지털 트윈 기술로 다양한 시민과 전문가들의 의견을 모아 가상의 도시를 사전에 만들어볼 수 있다"고 말했다. 다쏘시스템은 관련 프로젝트인 '버추얼 싱가포르'를 2014년부터 진행하고 있다.

첨단기술의 접목 못지않게 사람을 위한 환경을 갖추는 것이 중요하다는 목소리도 나왔다. 도시설계 권위자인 켄트 라슨Kent Larson MIT 미디어랩 도시공학 대표는 "지금까지는 널찍한 도로와 엄청난 규모의 주차장을 대표로 하는 기계(자동차)를 위한 도시였다면, 이제는 사람을 위한 도시로 거듭나야 한다"고 말했다.

2

스마트 투자
쉬운 돈벌이의 종말

실리콘밸리 투자 귀재로부터 듣는
블록체인 시대 혜안

팀 드레이퍼 DFJ 창립 파트너 외

팀 드레이퍼는 드레이퍼 어소시에트와 DFJ의 창립 파트너다. 드레이퍼 회장은 핫메일, 스카이프, 테슬라 등 혁신기업들의 초기 투자자로서 막대한 부를 거머쥐었으며 선도적인 기업가정신 지지자로 알려져 있다. 2011년에는 우수한 젊은이들이 기업가로서의 목적을 달성하도록 돕는 기숙사형 및 온라인 학교인 드레이퍼대학교를 설립했다. 원희룡 지사는 제38대 제주특별자치도 도지사로 연임 중이다. 블록체인 기술을 이용해 제주도의 이끌겠다는 구상을 오래전부터 알려왔다. 미치 류는 세타랩스Theta Labs와 슬리버TVSLIVER.tv의 공동창업자이자 CEO다. 모바일 광고 플랫폼 업체인 탭조이를 창업해 소셜 및 모바일 영상 광고의 선구자로 자리매김했다.

핫메일, 스카이프 등 실리콘밸리 유망기업에 초기 투자해 조 단위
의 자산가가 된 팀 드레이퍼Tim Draper DFJ 회장은 서울 장충아레나에
서 열린 세계지식포럼 세션에서 블록체인이 북한과 같은 폐쇄적인 국
가마저도 국민을 위한 정부로 바꿔놓을 것이란 비전을 내놓았다.

드레이퍼 회장은 더 나은 정부를 만드는 두 가지 큰 힘에 주목했다.
첫 번째는 블록체인Blockchain이고, 두 번째는 이동성Mobility이다. 블
록체인은 모든 정보를 탈분권화, 탈중앙화한 형태로 저장하고 활용하
게 한다. 그는 블록체인을 활용해 정부 예산을 절감하고 서비스의 질
을 개선한 에스토니아의 예를 들었다. 그는 "에스토니아는 디지털 서명
으로 국민총생산GDP의 2%를 아끼고 젊은이들을 다시 투표장에 가게
만들었다. 디지털 주민등록증을 통해 범죄율을 낮추고 분쟁의 소지를
없애는 스마트 컨트랙트를 가능하게 했다"고 말했다. 지금까지는 최고
의 비용으로 최악의 서비스를 제공한 비효율의 대명사가 정부였지만
이제는 국민들을 위해 경쟁하게 된다는 것이다. 그는 "중국의 엔지니어
가 더 나은 환경, 더 적은 규제를 찾아 싱가포르와 몰타로 가는 것처럼

이제 인재들은 자신에게 가장 적합한 정부를 택할 수 있다"며 "미래의 나는 노후연금은 칠레에서, 사회복지는 캐나다에서, 운전면허는 국가명이 없는 나라에서 받을 수도 있다"고 말했다. 시민을 위하는 민주정부가 들어선 국가에선 블록체인을 활용해 더 많은 경제적 가치를 얻을 수 있지만 통제된 국가는 분권화가 핵심인 블록체인을 외면해 더욱 가난해질 수 있다. 이렇게 블록체인 때문에 국가 간 불평등은 더욱 커질 수 있지만 결국 사람들의 '이동성'이 국가 간 부의 격차를 좁히는 역할을 하게 될 것이다.

이날 대담에서 원희룡 제주도지사는 제주도를 한국 블록체인의 테스트베드이자 허브로 만들겠다는 비전을 공개했다. 2018년 초 비트코인 광풍이 불자 정부에서는 ICO를 불허하면서 비트코인에 대한 대대적인 규제에 나섰다. 과열 투기는 막았지만 비트코인이란 보상책이 없어지면 블록체인 활성화가 요원할 것이란 우려가 계속 나오고 있다. 정부는 미래 성장동력인 블록체인은 그대로 두면서 암호화폐만 규제하겠다는 입장이지만 이 둘을 분리할 수 없을 것이란 비판도 나온다. 원 지사 역시 "블록체인은 컴퓨팅 작업을 하거나 서비스를 운영하는 사람에게 프루프오브워크Proof of work에 대한 보상이 필요하다"며 "중앙독점화된 기업이 없는 상태에서 참여에 대한 인센티브가 있어야 하는데 이게 비트코인이라 블록체인과 토큰은 분리될 수 없다"고 말했다.

원 도지사는 "비트코인 투기에 대한 우려는 알고 있지만 우리도 이제 스위스처럼 서비스의 실체가 있는 유틸리티 코인을 허용할 필요가 있다"며 "크립토펀드나 벤처캐피털과 같이 안정성이 큰 기관투자자들을 위주로 프라이빗 ICO를 먼저 추진하면서 점진적으로 ICO의 문을 열어가야 한다"고 말했다. 제주도에선 이미 블록체인이 많은 행정 서비스에 적용되고 있다. 인증이 필요한 데이터 관리 등에 블록체인이 도입되는 중이다. 원 지사가 밝힌 블록체인 활용 분야는 제주 흑돼지 등 진품 인증이 필요한 농축산물 관리, 부가가치세 환급 등이 있다.

원 지사는 "친환경차가 1만 대가 넘는 제주도에는 이제 전기차 배터리를 폐기하는 문제가 도래하는데 블록체인이 거래 상대방 간의 신뢰를 구축해 배터리 활용도를 높일 수 있다"며 "사용 이력이 블록체인에 기록된 배터리에 대해선 최적의 재사용처를 찾을 수 있다"고 말했다.

폐쇄되고 고립된 국가인 북한도 블록체인으로 바꿀 수 있을까. 권력이 1인에게 집중된 나라에서 블록체인의 탈중앙화 시스템이 통할 수 있을까. 드레이퍼 회장과 원 도지사는 가능할지는 모르지만 북한이 블록체인을 도입하려고 한다면 적극 도와야 한다는 데 의견이 일치했다. 블록체인이 투명성을 높이고 북한 경제에 대한 많은 정보 축적을 가능하게 한다는 이유에서다. 원 도지사는 "영국에서는 블록체인을 통해 복지 지출을 하면서 정부 예산이 돈이 필요한 사람에게 직접 가서 자금 집행 효율성이 높아졌다고 들었다"며 "지금까지 북한에 원조를 해줄 때마다 그 돈의 사용처에 대해 논란이 많았는데 블록체인을 활용하면 우리가 원하는 대로 북한의 빈곤 주민에게 정확하게 원조가 갈수 있다"고 말했다.

드레이퍼 회장은 '에어드롭air drop'이라는 말로 돈이 직접 들어가는 효과를 설명했다. 북한에 식량을 주기보다는 비트코인을 준다면 돈의 거래내역이 블록체인상에 기록되기 때문에 원조의 효과를 더 높일 수 있다는 얘기다.

커다란 기회가 될 수 있는 블록체인의 흐름에 어떻게 참여할 수 있을까. 비싼 비트코인을 사는 것 외에는 방법이 없을까. 여기에 대해 드레이퍼 회장은 인터뷰에서 "비트코인은 비싸지 않다. 한 번도 비싼 적이 없었다"고 잘라 말했다. 비트코인이 가지고 있는 잠재력에 비하면 현재 가격은 아직 공정 가치에 미치지 못했다는 뜻이다. 그는 "일단 비트코인을 사서 체험을 해보면 그동안 은행 같은 기존 금융 시스템이 얼마나 비효율적이면서 하는 일이 없었는지 알게 될 것"이라고 했다. 그에게 어떤 기준으로 투자기업들을 고르는지를 물었다. 답은 '그 기업이 만들어낼 미래의 모습'이었다. 그는 "기술과 비전이 실현될 경우 미래가 어떻게 될지에 대해 상상한다"며 "미래 변화가 클수록 투자할 만한 기업"이라고 말했다.

한편 블록체인은 향후 미디어·엔터 산업에서 대전환을 일으킬 기술로 주목받고 있다. 영상 스트리밍이 인터넷 트래픽 대부분을 차지하며 교통체증을 유발할 때 블록체인은 사용자들의 대역폭을 공유해 버퍼링(끊김 현상) 없이 영상 스트리밍을 즐길 수 있게 해준다. 가상현실까지도 말이다. 미치 류 CEO 겸 창업자가 설립한 슬리버TV는 고화질 영상 데이터를 효율적으로 전송하는 '세타theta 블록체인'은 시청자들이 가지고 있는 여분의 컴퓨팅 파워(연산능력)와 ISP로부터 부여받은 트래픽 대역폭을 다른 시청자들과 공유하는 방식이다. 컴퓨팅 파워와 대역폭을 공유하는 대가로 데이타 토큰(코인)을 얻는다. 코인을 팔아

시청자는 돈을 벌 수 있고 다음 에피소드를 다운로드 받아서 볼 수도 있어 모두가 플랫폼을 떠나지 않고 블록체인을 더욱 견고하게 한다. 류 CEO는 '미디어·엔터 산업에서 블록체인이 야기한 혁신' 세션에서 "유료 콘텐츠 가격 옵션 선정 방식, 로열티에 대한 보상, 개인 간 거래P2P 콘텐츠 공유 방식에서도 블록체인은 미디어 생태계를 완전히 변화시킬 것"이라 전망했다.

존 김 사장의 월스트리트 인사이트

존 김 뉴욕라이프 사장

존 김 사장은 미국 최대 규모 생명보험사인 뉴욕라이프를 총괄하고 있다. 미시간대학교에서 학사를, 코네티컷대학교에서 경영학 석사를 취득한 뒤 프루덴셜생명, 시그나 등을 거쳐 2008년 뉴욕라이프에서 근무를 시작해 최고경영진에 오른 입지전적인 인물이다. 안동현 서울대학교 경제학부 교수는 고려대학교에서 경영학 학사 및 석사 학위를 취득한 뒤 뉴욕대학교에서 재무학으로 박사 학위를 받았다. 조나단 티슐러는 크레디트스위스CS 아·태 부서 상무로 재직 중이다. 일본 연구 및 CS 자회사 기업평가업체 홀트HOLT 총괄을 동시에 맡고 있다. 윤제성은 뉴욕생명자산운용 최고투자책임자이자 투자관리위원회 의장을 맡고 있다. 로렌스 리아오는 중국민생투자유한공사 회장 수석보좌관 겸 인터내셔널 CEO로 재임하고 있다.

"제가 금융업계에 몸담은 지난 35년간 세계 경제를 봤을때 분명한 장기 트렌드들이 있습니다. 세계화Globalization, 혁신Innovation, 인구구조 변화Demographic 등이 그것입니다. 이러한 간단한 트렌드들이 투자자에게 시사하는 바는 매우 중요합니다."

제19회 세계지식포럼 '뉴욕라이프 존 김 사장의 월스트리트 인사이트' 세션에서 존 김 뉴욕라이프 사장이 던진 투자 키워드다. 이날 세션은 좌장인 안동현 서울대학교 경제학부 교수와 김 대표 간 대담 형식으로 진행됐다.

김 대표는 미국 월스트리트에서 가장 성공한 한국계 금융인 중 한 사람이다. 그는 7세 때 부모를 따라 도미한 한인교포 1.5세대다. 도미 후 미시간대학교, 코네티컷대학교 석사 등을 거쳐 1983년 금융업에 입문해 2010년 뉴욕라이프 최고투자책임자CIO에 오른뒤 2017년 같은 곳 최고경영자 자리까지 오른 입지전적인 인물이다.

그가 던진 첫 화두는 세계화다. 전 세계 경제가 상호 영향을 미치는 상황에서 세계 각국의 경제 지형이 어떻게 변하는지 유심히 지켜봐야 한다는 것이다.

김 사장은 "미국인들이 미처 알지 못해 놀라는 사실 중 하나가 중국, 인도, 한국 등 아시아 지역 중산층 성장이 다른 지역에 비해 훨씬 빠르다는 사실"이라며 "2050년이 되면 전 세계 중산층 소비 중 아시아 지역이 75%를 차지할 것으로 예상된다"고 말했다. 최근 미국 금리인상에 따른 신흥국 금융시장이 불안한 모습을 보이고 있지만 장기투자 관점에선 아시아 신흥국이 선진국을 압도할 것이란 설명이다.

김 사장이 가장 힘주어 말한 것은 기술혁신 속도가 장기적으로 일반인의 예상을 한참 웃돈다는 사실이다. 그는 미국의 대표 미래학자였던 고 로이 아마라 박사가 "우리는 기술 효과에 대해 단기적으로는 고평가를, 장기적으로는 저평가를 하는 경향이 있다"고 말했다는 것을 인용하며 이처럼 역설했다.

김 사장은 "일반인은 향후 기술이 일정 추세를 가진 직선으로 우상향할 거라고 전망을 한다"며 "그러나 기술은 어느 순간 파괴적 혁신을 통해 급격하게 발전한다"고 말했다.

일례로 전기차 사업을 예로 들었다. 한동안 부진하던 전기차 사업은 최근 성장세를 본격화하고 있다.

그는 "8년 전만 해도 킬로와트당 1,000달러 수준이던 전기차 배터리 가격이 어느새 90%가량 순식간에 하락했다"며 "덕분에 전기차 평균가격이 정부 보조금 없이도 일반 차량과 비슷해지고 있다"고 말했다. 전기차는 가격은 일반차와 비슷해진 반면 운용 유지비용은 10배가량 저렴한 데다 내구연한은 1.5배가량 길고 출력은 더 강하다. 배터리 혁명이 전기차 혁신으로 이어지고 여기에 자율주행차, 차량공유 서비스까지 결합할 경우 자동차 산업 지형도에서 전통차 생산업체는 지워진다. 동시에 주유소를 비롯한 에너지 산업, 발전용량 증설을 위한 유틸리티 산업에 걸쳐 '파괴적 혁신'이 일어날 수밖에 없는 구조다.

이러한 기술혁신에 대한 장기 관점이 투자에 미치는 중요성은 미국 대표 온라인스토어 아마존과 대표 오프라인스토어 백화점인 메이시가 극명히 보여주고 있다. 김 사장은 "아마존 상장 당시인 1997년 두 기업에 똑같이 1달러를 투자했을 경우 아마존은 1,260달러, 메이시는 1.69달러가 됐다"고 말했다. 2018년 들어 아마존 주가가 폭발적인 상승세를 나타낸 것은 일반인들이 기술혁신에 대해 장기적 관점에서 과소평가하고 있다는 대표적인 모습이다.

김 사장은 〈매일경제〉와의 인터뷰에서 성공한 한국계 금융인이 됐던 비결을 들려줬다.

그는 "미국인들은 한국을 포함한 아시아계 사람들에 대해 다음과 같이 생각perception합니다. 그들은 성격이 지나치게 수줍고shy, 소심하다timid는 고정관념을 갖고 있습니다. 한국인이 월스트리트를 비롯한 미국에서 성공하기 위해선 강한 자기주장을 할 줄 알고strong speaker 적극적 의사소통interaction을 해야 합니다. 특히 고위직으로 올라갈수록 이 같은 요소는 필수적입니다"라고 말했다.

성공을 위한 커뮤니케이션 능력을 그는 반복해서 강조했다. 김 사장은 "말하기 능력Speaking Skiil, 의사소통 능력Communication Skiil은 성공에 있어 굉장히 중요하기 때문에 이를 발전시키기 위한 노력을 평상

시에 꾸준히 하는 것이 좋다"며 "나의 경우 사내 교육 프로그램을 비롯해 이와 관련한 인터넷 동영상, 책 등을 열심히 보면서 노력했다"고 말했다.

한편 세계지식포럼에 참여한 글로벌 투자 구루들은 2018년 미·중 무역분쟁에 따른 시장 불안에도 2008년과 같은 금융위기 재발 가능성을 낮게 봤다.

존 김 뉴욕라이프 사장은 "미국 도널드 트럼프 대통령 행정부가 펼치고 있는 세금감면 등 부양책에 따른 경제확대 규모는 8,000억 달러인 반면 미·중 무역마찰에 따른 둔화 규모는 이의 4분의 1보다 적은 1,000억~2,000억 달러 규모일 것"이라며 "금융시장이 일부 침체를 나타낸다 하더라도 2008년과 같은 격렬한 공황은 오지 않을 것"이라고 말했다.

로렌스 리아오 중국민생투자유한공사 인터내셔널 최고경영자는 "시장 조정에도 여전히 게임, 교육, 제약 등 신 경제 분야 우량기업들의 가치는 변하지 않는다"며 "그동안 고평가된 기업들의 밸류에이션이 낮아질 경우 이는 명백히 투자에 유리한 환경"이라고 말했다.

금융위기 이후 지난 10년간 지속됐던 자산시장의 대세 상승기가 여전히 유효하다는 진단도 나왔다. 윤제성 뉴욕생명자산운용 최고투자책임자는 "외부 충격이 없다는 전제하에 현재 금융시장 상황은 야구로 치면 8회말에 와 있으며 추가로 연장전 진입도 가능해 보인다"고 말했다.

노벨경제학상 수상자의 노후준비 비법노트

로버트 머튼 MIT 슬론경영대학원 교수

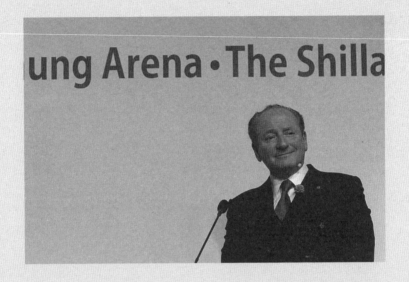

로버트 머튼 교수는 1997년 옵션 등 파생금융상품 가격을 결정하는 경제 모형을 발전시킨 공로로 노벨경제학상을 받았다. 그는 개인들의 전 생애에 걸친 금융자산관리, 여러 시점 간 포트폴리오 구성방안, 자산가격 결정 등 다양한 금융영역을 연구해왔다. 하버드대학교 비즈니스 스쿨 교수를 거쳐 MIT 슬론경영대학원 교수로 재직 중이다. 미국 재무학회 회장도 역임했다.

불안한 증시만큼 불안한 노후다. 100세 시대 장수는 축복이 아니라 공포가 되었다. 월급 지급보다 더 얇은 연금 지갑 때문이다. 국민연금의 소득대체율은 40%지만 짧아진 근속기간을 생각하면 기대 소득대체율은 훨씬 낮아질 수 있다. 평균수명 연장으로 월급 없는 시간들은 더 늘었다. 50대에 회사를 나갈지 모르는데 65세는 되어야 연금을 받는 것도 부담이다. 노후를 걱정 없이 보낼 수 있는 방법은 무엇일까.

1997년 노벨경제학상 수상자이자 MIT 슬론경영대학원 교수인 로버트 머튼Robert C. Merton 교수는 아주 간단한 정부 국채로 노후준비 문제를 해결할 수 있다고 제안한다. 제19회 세계지식포럼의 '노벨경제학상 수상자의 노후준비 비법노트' 세션에서 그는 한국에 처음으로 셀피즈SeLFIES라는 연금채권 개념을 처음 설명했다. 셀피즈 채권은 소비 수준 기준standard of living indexed으로 미래에 받고forward-starting, 원금상환 없이 이자만 받는 채권income only securities에서 첫 이니셜만 딴 단어다. 채권을 사고 미래에 쿠폰(이자)을 받는 것처럼 지금 셀피즈 채권을 사면 은퇴시점부터 다달이 이자(연금액)를 받는 것이다.

머튼 교수는 "고령화가 진행되고 있고 부과 방식Pay as you go의 연금은 점차 기대수익률이 낮아지고 있는 상황에서 셀피즈 채권으로 노후에 안정적인 생활을 유지할 수 있다"며 "한국의 국민연금에 불안을 느끼는 사람들을 위해서도 한국 정부가 셀피즈 채권을 내놓을 필요가 있다"고 말했다. 국민연금이 현재와 같은 9%의 보험료율로는 40%의 소득대체율을 달성하기에 충분하지 않은데, 그나마 40%의 소득대체율 역시 풍족한 노후생활을 누리기엔 역부족이라 보완적인 노후준비책이 필요하다는 얘기다.

셀피즈는 매달 일정한 쿠폰을 주는 국채와 같다. 다만 그 쿠폰(이자)이 은퇴시점인 먼 미래에 나온다는 것, 그리고 일시불로 받는 만기 상환액이 없다는 것이 다르다.

머튼 교수는 안정적이고 신뢰감 있는 연금은 생활수준standard of living 유지가 중요하다고 강조했다. 그는 "지금의 연금은 보통 물가에 연동되어 인플레는 반영하지만 이것으로는 충분하지 않다"며 "은퇴시점 바로 전의 생활수준을 유지할 수 있어야 은퇴자들은 미래에 대한 불안을 덜 수 있을 것"이라고 말했다. 그는 1965년부터 2017년까지 생활수준은 계속 우상향해왔다며 증권이나 국채의 상승률보다 훨씬 높았다고 덧붙였다.

그리고 셀피즈는 소액으로 조금씩 매수할 수 있어 자기가 원하는 최적의 연금 플랜을 자기가 짤 수 있게 해야 한다고 말했다. 몇 장의 셀피즈 채권을 사면 미래에 얼마를 받을 수 있을지 알 수 있다는 것이다. 예를 들어 은퇴가 2058년이면 2058년부터 쿠폰을 주는 셀피즈 채권을 사면 된다. 만약 자기가 연 5만 달러의 소비를 미래에도 누려야 한다고 보면 1년에 10달러를 주는 셀피즈 채권을 5,000개 사면 된다. 다른 소득원이 있어 은퇴 후 많은 연금이 필요 없다면 셀피즈 채권을 적게 사면 된다. 1년에 10달러를 주는 채권의 가격을 정하는 것은 정부의 몫이다. 머튼 교수는 "셀피즈 채권은 간단하면서도 노후에 필요한 돈을 마련하기 위해서는 지금 얼마를 저축해야 하는지(채권을 사야 하는지)에 대한 정보를 잘 전달해준다"고 말했다.

채권 쿠폰을 현재가 아닌 은퇴시점에 받게 함으로써 현재시점에 받는 쿠폰을 계속 투자해야 하는 재투자 리스크를 제거했다.

셀피즈 채권의 수요층은 공적 또는 사적 연금을 가입 안 한 개인들뿐만 아니다. 보험사 같은 기관투자자들도 셀피즈를 사서 금융상품 가입자들에게 줄 이자를 안정적으로 지급할 수 있다. 그리고 지방 공무원의 연금을 대신 내줘야 하는 지방정부도 셀피즈를 살 수 있을 것이다. 셀피즈는 국채이기 때문에 유동성이 풍부해 거래가 쉽고 원하는 사람들에게 바로 지급할 수 있다. 그리고 연금을 포기하고 일시불로 목돈이 필요한 사람들은 셀피즈를 팔아 돈을 마련할 수도 있다.

머튼 교수는 셀피즈는 중앙정부가 셀피즈를 발행해야 하는 이유로 안정성과 재원, 그리고 인프라 투자를 들었다. 30년 후에 쿠폰을 받는 채권을 기업이 발행하면 신뢰성이 부족하기 때문이다. 그리고 정부는 소비금액과 바로 직결되는 부가가치세를 세수로 삼기 때문에 소비수준에 연동해서 쿠폰을 주는 채권을 발행해도 재원 조달의 부담이 적다. 인프라 투자 시 투자금을 확보할 수 있다는 것도 장점이다. 대규모

인프라 건설은 투자시점에는 막대한 돈이 들어가지만 수입이 발생하는 것은 10년 후의 일이다. 이럴 때 셀피즈 채권을 팔아서 자금을 조달한 후 은퇴시점이 되는 먼 훗날에 이자를 지급하면 되기 때문이다. 머튼 교수는 "인프라 투자 때 자금을 조달하기 위해 일반 채권을 발행하면 전체 기간 동안 리파이낸싱을 계속해야 하는데, 금융시장은 부침이 있기 때문에 리파이낸싱이 좋은 가격에 안 되면 미완성 공사가 될 수 있다"며 "셀피즈 채권은 은퇴 후 노후 문제를 해결하는 동시에 인프라 투자자금 조달을 위한 롤오버 리스크를 줄일 수 있다는 부수적인 장점까지 있다"고 말했다.

아시아 금융시장의 위기와 기회

엘레나 오코로첸코 S&P글로벌신용평가 아·태 대표

엘레나 오코로첸코 대표는 러시아 고등경제대학교를 나와 모스크바국립대학교에서 경제학 박사 학위를 취득했다. 크레디트스위스퍼스트보스턴에서 사회생활의 첫발을 내딛은 뒤 S&P에 입사해 글로벌 대변인 등을 거쳐 현재 아·태 지역 내 S&P 정책 수립 및 지역 경제성장 촉진 역할을 하고 있다. 성태윤 연세대학교 경제학부 교수는 연세대학교 경제학과에서 학사와 석사를 마치고 하버드대학교에서 경제학 박사 학위를 취득했다. 한국개발연구원KDI, 한국과학기술원KAIST 교수 등을 역임하고 현재 연세대학교 경제학부 교수로 재직 중이다. 존 에하라 유니슨캐피털 회장은 MIT 공대에서 건축 및 도시공학을 전공했으며 시카고대학교에서 MBA를 마쳤다. 골드만삭스 일본 지사 창립 멤버로 아시아인 최초 골드만삭스 파트너가 됐다.

COLLECTIVE INTELLIGENCE:
OVERCOMING GLOBAL PANDEMONIUM

"아시아 내에서 선호하는 투자 국가는 인도네시아와 싱가포르 그리고 한국이다. 모두 중산층이 두텁다는 공통점을 지니고 있다. 글로벌 투자자들은 적어도 북한이 대화를 시작했다는 것은 큰 변화라고 생각한다. 대한민국이 매우 좋은 투자 목적지로 고려 대상에 오른 이유다."

세계지식포럼 '아시아 금융시장의 위기와 기회' 세션에서 존 에하라 John Ehara 유니슨캐피털 회장이 역설한 내용이다.

세션은 성태윤 연세대학교 경제학부 교수가 좌장을 맡아 에하라 회장과 엘레나 오코로첸코 Elena Okorochenko 스탠더드앤드푸어스 S&P 아·태 대표 등이 패널로 참석해 진행됐다.

패널들이 집중적으로 논의한 금융시장 위험요인은 단연 중국이었다. 특히 과도하게 부풀어오른 중국발 부채위기에 관한 심도 있는 토론이 이어졌다.

오코로첸코 대표는 "전 세계 부채 중 30%를 중국 기업들이 가져가 금융 시스템상 커다란 부담요인이 될 수밖에 없다"고 지적했다.

그럼에도 중국발 부채위기 가능성은 낮게 봤다. 금융위험을 알리는

'탄광 속 카나리아' 역할을 하는 신용평가사 대표로선 이례적 평가다.

그는 "중국 부채시장은 전 세계 3위를 차지할 정도로 크지만 외채가 많지 않고 중국 국유은행 중심으로 시장이 운영되고 있다"고 말했다. 중국 회사채(크레딧) 시장은 철저히 은행 중심으로 돌아가고 있다. 중국발 부채위기가 찾아올 경우 첫 번째 충격을 받는 곳은 은행이다. 중국 정부는 이러한 사태를 방지하기 위해 은행에 직접 자본확충을 해주며 이 같은 위험전이를 차단할 수 있다. 중국 내 주요 은행이 국가가 보유하고 있는 국유은행이기 때문이다.

그런 점에서 최근 들려오는 중국 기업의 채무불이행 소식은 오히려 긍정적 신호다. 오코로첸코 대표는 "중국 내 정책입안가들이 유능하고 신중하게 디레버리징deleveraging(부채 축소)을 실시하고 있어 시스템 위험을 차단할 수 있다"고 분석했다. 대마불사 원칙을 더 이상 고수하지 않음에 따라 이에 따른 도덕적 해이를 원천봉쇄하고 있고, 이에 따라 채권시장이 원활히 돌아간다는 분석이다. 물론 이 과정에서 중국 정부가 개입해 너무 과도한 디폴트가 발생하는 것을 막을 수 있는 능력이 있다는 전제가 깔려 있다.

미·중 무역분쟁이 시장 예상과 달리 중국보다 오히려 미국에 더 악영향을 미칠 것이라는 견해도 나왔다. 그는 "미국이 비석유 제품에 대해 관세를 전면적으로 25% 적용할 경우 미국 1%포인트의 경제성장 타격을 입는다면 중국은 0.6%포인트 정도 타격을 입을 것"이라고 말했다. 미국 소비자는 자산 중 상당수를 주식에 투자한 탓에 주식시장 노출도가 중국 대비 훨씬 큰 데다 소비 규모 역시 크기 때문에 미·중 무역분쟁이 미국 경제에 더욱 손해가 클 수밖에 없다는 설명이다.

중국이 야심 차게 추진하고 있는 '일대일로' 정책에 대한 경고도 나왔다. 에하라 회장은 "중국이 과거에는 인프라스트럭처 개발을 하면서 토지 수용비용을 사실상 한 푼 들이지 않고 대형 산업단지, 쇼핑센터, 고속도로 등을 건설해왔지만 이제는 이것이 불가능하다"며 "향후 성과에 대한 의문이 아시아 각국에서 제기되며 말레이시아의 경우 일대일로 관련 사업이 보류되고 있다"고 분위기를 전했다.

2020 도쿄 올림픽이 일본 경제에 부담이 될 가능성이 열려 있다는 지적도 나왔다. 그는 "일본 경제회복이 이상하리만치 인플레이션을 동반하고 있지 않다"며 "과거 경험으로 볼 때 이 같은 현상은 지속가능하지 않은 데다 도쿄 올림픽을 앞두고 일본 국내총생산 대비 국채 비율이 과도하게 치솟았다"고 지적했다. 이 같은 재정 불균형을 막기 위해 일본 아베 정부가 계속해서 미루고 있는 소비세 인상을 2019년에는 반드시 단행해야 한다는 지적이다.

다양한 위험요인에 대한 진단에도 해법은 결국 '장기투자'로 귀결됐다.

에하라 회장은 "분기별 실적발표 압박에 직면한 상장사들이 단기 성과를 좇다 전체 시스템에 악영향을 미칠 수 있다는 성찰이 광범위하게 퍼지고 있다"며 "이 같은 성찰과 더불어 사모투자펀드PEF가 장기 액션 플랜을 갖고 중장기 초과수익을 달성한 것이 경험적으로 증명되고 있다"고 설명했다. 이에 따라 환경·사회·지배구조ESG 투자에 대한 관심이 환기되고 있다.

오코로첸코 대표는 "ESG 중 지배구조와 기업 실적 간 높은 상관관계가 이미 확인된 바 있다"며 "인도, 중국 등 아시아 주요국에서 대기환경 개선 필요성이 커지고 있어 ESG에 대한 믿음을 갖고 투자하면 향후 좋은 성과로 보답받을 수 있을 것"이라고 말했다.

글로벌 부동산 투자 포커스

리차드 오어벨 JLL 코리아 상무 외

리차드 오어벨 상무는 호주 로열멜버른공대에서 부동산 석사를 취득했다. 부동산 가치 평가 및 자문, 투자거래 분야에서 12년 경험을 갖고 있으며 서울에서 7년째 근무하고 있다. 니컬러스 윌슨 JJL 아·태 캐피털마켓 리서치 상무는 호주 퀸즈랜드대학교에서 부동산을 전공했으며 영국 얼스터대학교에서 금융 서비스 학위를 취득했다. 2010년 JLL에 합류해 아·태 지역 상업용 부동산과 기업금융 시장조사 연구를 총괄하고 있다. 레지나 림 JLL 캐피털 마켓 리서치 동남아 총괄상무는 영국 옥스퍼드대학교에서 공학, 경제 및 경영 석사를 취득했다. 싱가포르 도시개발청에서 부동산 리서치 등을 수행했으며 스탠더드차타드은행을 거쳐 JLL에 입사해 동남아시아 지역에서 리서치 업무를 총괄하고 있다.

"미국이 금리인상 추세에 접어든 반면 부동산에 몰려든 자금으로 인해 기존 주요 투자처였던 오피스 빌딩은 마땅한 투자상품이 없습니다. 이에 대한 대안으로 다가구주택, 기숙사, 물류창고 등에 대한 투자가 각광받고 있습니다."

제19회 세계지식포럼 '글로벌 부동산 투자 포커스' 세션에 참석한 패널들의 공통된 견해다. 세션은 리처드 오어벨Richard Orbell 존스랑라살JLL 코리아 상무를 좌장으로, 레지나 림Regina Lim JLL 총괄상무, 니컬러스 윌슨Nicholas Wilson JLL 상무 등이 패널로 참석해 진행됐다.

글로벌 자금은 미국을 빠져나가 아시아·태평양 지역으로 향하고 있다. 윌슨 상무는 "지난 5년간 뉴욕, 런던을 뺀 나머지 미국, 유럽 주요 도시들의 부동산 거래량은 둔화되고 있다"며 "이에 따라 아·태 지역서 홍콩, 도쿄, 서울 등 7개 도시가 거래량 상위 20위 안에 들고 있다"고 말했다.

미국이 주요 선진국 중 유일하게 금리인상 기조를 나타내며 부동산 투자에 부담으로 작용하고 있는 상황이다.

반면 아시아 주요 도시는 임대료 상승세를 이어나가며 투자자 '러브 콜'이 잇따르고 있다. 윌슨 상무는 "시드니, 싱가포르 등은 임대료 상승세가 가장 두드러진 도시"라고 말했다.

이 같은 트렌드는 투자자들이 더 많은 위험을 감수하기 때문에 일어나는 현상이다. 부동산 투자가 소위 '핵심지역'에서 기존 관점에선 변두리로 보이던 신흥시장으로 이동하기 때문에 나타나는 현상이다. 이 같은 위험감수 현상 덕에 부동산 개발 사이클은 2020년께 정점을 찍을 것으로 그는 예상했다.

기관투자자들의 부동산 투자 비중 확대 현상도 주의깊게 바라봐야 할 투자 포인트다. 윌슨 상무는 "보험사, 연기금, 국부펀드 등이 지난해 사상 처음으로 전체 투자자금 중 부동산 투자 비중을 10% 이상으로 늘렸다"며 "이 같은 투자 급증에도 마땅한 투자 대상 상품이 없다는 문제점에 직면했다"고 분위기를 전했다.

이에 따라 학생이나 고령층을 대상으로 하는 공동주택형 기숙사 시장이나 냉장 유통창고 등이 대안투자 대상으로 떠오르고 있다는 전언이다.

전자상거래가 부동산 시장에 끼칠 영향도 주목해야 한다. 그는 "전세계 평균 리테일 거래 중 12%가 전자상거래"라며 "전자상거래 관련 창고·포장·택배 시설 등을 주목해야 하며 자동화를 위한 로보틱스와 결합 여부도 중요 요소다"라고 설명했다.

특히 떠오르는 신흥시장 동남아시아 지역에서는 전자상거래 급부상으로 물류창고 투자가 각광받고 있다. 림 상무는 "동남아시아의 젊은 층은 PC를 사용해본 적 없이 바로 모바일로 넘어간 세대"라며 "전자상거래 관련 수요 폭증으로 물류창고 등 인프라스트럭처에 대한 수요가 상당하다"고 말했다.

여기에 알리바바를 비롯한 전자상거래 기업이 동남아시아 지역에 직접 진출하는 과정에서 우량 오피스 빌딩에 대한 수요도 커지고 있다. 이들 기업은 최고 수준 인프라를 원하기 때문에 '조망권' 같은 예상치 못한 요구 조건 등을 내거는 경우도 많다는 전언이다.

특히 이른바 테크 기업은 공유기업 모델 방식을 채택하고 있다는 점에서 '위워크' 같은 유연업무 공간 수요가 늘어나고 있다는 점도 주목할 만하다. 그는 "방콕, 싱가포르 등을 중심으로 유연업무 공간 증가율만 40%에 달하고 있다"고 말했다.

그는 "인도네시아나 베트남 등지에서는 교외 지역에 쇼핑몰을 지었다 하더라도 농민들이 2시간 거리를 차로 운전해 찾아오는 경우를 볼 수 있다"며 "전자상거래가 아닌 오프라인 쇼핑몰 수요도 늘어날 전망"이라고 말했다.

동남아시아 지역은 중국발 수혜까지 겹쳤다. 림 상무는 "중국의 인건비 상승으로 적어도 향후 5년간 동남아시아 생산비용이 중국 대비 더 저렴한 상황"이라며 "동남아 국가들이 자국 생산 부품 쿼터제를 실시하는 것도 이 같은 생산기지 이전을 촉진하고 있다"고 말했다.

동남아 지역은 인구가 6억 6,000만 명을 넘는다. 특히 주목할 만한 곳은 인도네시아다. 동남아 인구 중 절반 가까이가 인도네시아에 거주하고 있는 데다 중위 연령도 30세로 매우 젊다. 경제성장은 연 5%를 기록하고 있어 오는 2030년 세계 4대 경제대국이 될 것이라는 전망까지 나오고 있다. 현재 떠오르는 경제대국 중국이 급속한 고령화로 향후 생산가능인구가 늘어나기 어려운 것과는 다른 인구구조다.

투자 위험 등을 감안할 때 동남아시아 지역 '톱 픽'은 말레이시아와 태국이다. 투자를 위한 제도적 환경과 더불어 지정학적 리스크가 상대적으로 낮기 때문이다. 이들은 경제성장률도 반등 추세다.

다만 동남아시아 지역 투자에 있어 제도 투명성 등 투자 위험요인을 살피는 것은 필수다. 림 상무는 "동남아 지역 부동산 시장은 만성적인 수요 초과 상태로 개발사업만 제대로 하면 고수익을 올릴 수 있다"며 "부동산 매매 관련 비즈니스 투명성이 낮기 때문에 제도와 관행에 대한 숙지가 필수"라고 말했다.

글로벌 부동산, 보이지 않는 암초는

제임스 실링 드폴대학교 석좌교수 외

제임스 실링 드폴대학교 석좌교수는 부동산 포트폴리오, 모기지 증권, 부동산 가격측정, 도시 경제학 등을 주 연구 대상으로 한다. 위스콘신대학교, 케임브리지대학교, 펜실베이니아대학교 와튼 스쿨, 루이지애나 주립대학교 등 유수의 명문대학에서 강의를 해왔다. 실링 교수는 전미부동산도시경제학회AREUEA의 전직 회장이며 당시 AREUEA에서 발간하는 학술지 〈부동산 경제학Real Estate Economics〉의 편집장으로 활동했다. 켄트 라슨의 연구팀은 시내 교통수단, 도시설계와 관련된 시뮬레이션 프로그램을 개발하고 효율적인 주거공간과 일터에 대해 연구한다. 그의 도시계획 프로그램인 시티스콥CityScope은 3D와 증강현실 및 실시간 예측 기능을 통해 더 나은 도시 환경을 만드는 것을 목표로 한다. 라슨 교수는 복잡한 도시의 교통 문제를 해결하기 위해 전기 세발자전거 PEVPersuasive Electric Vehicle를 발명했다. 라슨 교수의 저서 《루이스 칸: 미완성 걸작Louis I. Kahn: Unbuilt Masterwork》은 그해 〈뉴욕타임즈〉가 선정한 건축 10대 명저에 이름을 올린 바 있다.

COLLECTIVE INTELLIGENCE:
OVERCOMING GLOBAL PANDEMONIUM

문재인 정부 들어 서울 집값은 말 그대로 폭등세를 연출했다. 정부의 잇따른 부동산 안정화 정책에 집값은 진정세를 보이고 있지만 향후 방향성에 대해선 입장이 엇갈리고 있다. 제19회 세계지식포럼에서는 제임스 실링James Shilling 드폴대학교 교수가 '글로벌 부동산의 보이지 않는 암초'라는 강연을 통해 글로벌 부동산의 리스크 요인과 국내 부동산의 가치에 대한 인사이트를 나눴다.

실링 교수는 최근 서울 집값 상승세가 다른 나라 주요 도시와 비교해 최고 수준은 아니지만 과거 위기 때와 비슷한 패턴을 보이고 있다고 진단했다. 그는 2010년 이후 주택 가격이 전 세계적으로 상승하고 있다면서, 특히 중국의 베이징과 상하이, 홍콩, 미국 샌프란시스코가 50% 이상의 급등세를 보였다고 설명했다. 로스앤젤레스와 런던, 싱가포르, 암스테르담도 40% 이상 급등했다. 반면 서울은 20% 정도의 상승률을 보여 이들 도시에 비해선 상승폭이 크지 않았다.

실링 교수는 "서울이 중간 정도의 집값 상승세를 보이고 있지만 뉴욕과 시카고 등은 거의 오르지 않았고, 파리는 오히려 빠진 것에 비교하면 유동성 등의 요인으로 집값이 크게 움직인 셈"이라며 "과거 2008년 금융위기 때의 급락장과 비교해 과거 위기수준과 비슷한 상황이다"라고 진단했다.

실링 교수는 단순한 상승치보다 부동산 투자 방식에 더 주목했다. 그는 글로벌 주요 도시의 건물허가 건수가 2000년부터 2006년까지 상당히 늘어났는데, 이는 공실로 남겨두더라도 새 건물을 투기적으로 사들였기 때문이라고 분석했다. 투자자들이 건물을 사서 임대를 주지 못하더라도 시세차익을 노리고 그냥 보유한다는 얘기다.

실링 교수는 "도쿄에는 700만 호에 달하는 원룸이 있는데 상당수 원룸 매수자들이 공실을 그대로 두고도 나중에 팔겠다는 트렌드를 볼 수 있다"며 "서울도 160만 명이 한두 채 넘는 집을 보유하고 있었는데 최근 이런 인구가 190만 명으로 늘었다"고 설명했다. 그만큼 투기 수요가 늘어났다는 얘기다.

반면 미국에서 2008년 같은 주택 대출발 금융위기가 닥칠 위험은 낮을 것으로 봤다. 미국 가계 총가처분소득 중 주택담보대출 비율이 2008년 7.25% 였는데, 지금은 4.5% 정도로 '안심할 수준'이라고 평가했다. 금리도 2002년에 비해 낮은 수준이기 때문에 주택시장의 과다 부채가 금융 시스템 위기로 번질 가능성은 낮다고 봤다.

또 소득 불균형으로 인한 '입지별 부익부 빈익빈' 현상도 글로벌한 트렌드라고 그는 설명했다. 미국 소득 상위 20% 가정의 가처분소득이 200% 늘어날 때 소득 하위 20% 가정은 1% 상승에 그쳤다. 실링 교수는 "고임금 근로자들이 모여 있는 샌프란시스코 주택 가격이 다른 곳보다 오르긴 했지만 이 정도의 소득 불균형만큼 차이가 나지 않는다"며 "부촌이 더욱 부촌이 되는 현상은 지속될 것"이라고 내다봤다.

이어 켄트 라슨 MIT 미디어랩 도시공학 대표는 세계지식포럼 '이기는 도시의 비결'이라는 강연에서 서울을 비롯한 글로벌 주요 대도시들이 급변하는 ICT 기술 속에서 어떻게 진화해나갈지 인사이트를 줬다. 결국 자동차 같은 기계를 위하는 도시가 아닌 사람을 위한 도시로 확 바꿔야 한다는 게 그의 핵심주장이다.

라슨 대표는 "지금까지의 도시는 자동차를 위한 도시였다. 20세기와 함께 차의 시대는 끝났다. 올해 암스테르담을 가보니 100년 전 바르셀로나의 모습으로 회귀하는 것 같다. 사람과 자전거 트램이 자연스럽게 함께 도로를 쓰고 있다. 자동차만을 위한 도시는 없어지고 있다"고 주장했다.

실제 그는 강연에서 1908년 바르셀로나 시내의 도로 영상을 보여줬는데 사람과 마차, 자동차, 트램이 뒤섞여 도로를 공유하고 있었다. 1985년 미국 보스턴 거리를 보면 차만 보이고 사람이 안 보인다. 도시를 기계가 장악했다는 것이다. 하지만 2018년 네덜란드 암스테르담의 모습을 보면 110년 전 바르셀로나처럼 사람과 자전거, 차와 트램이 좁은 도로를 함께 쓰고 있는 모습이다. 자전거 정도의 속도로 모두 천천히 이동하면서 주위를 둘러볼 여유가 생겼다.

라슨 대표는 "도로를 없애고 개천을 복원해 시민들에게 돌려준 서울의 청계천 프로젝트에 깊은 감명을 받았다"며 "머신(차)을 위한 도시에서 사람을 위한 도시로 가야 한다"고 강조했다.

또 그는 도시화 과정에서 발생하는 과밀화 문제를 첨단기술로 풀어가야 한다고 조언했다. 핵심지 땅을 무한정 늘릴 수 없기 때문에 한 사람이 쓰는 공간을 효율적으로 줄이는 게 중요하다는 얘기다.

라슨 대표는 "전 세계 대도시가 집값 폭등으로 걱정하고 있다. 공급을 한꺼번에 늘릴 수 없기 때문에 적은 공간을 효율적으로 써야 한다. 접히는 소형차, 움직이는 벽, 로봇 테이블과 의자가 우리의 공간을 상상 이상으로 넓혀줄 것이다"라고 설명했다.

또 그는 "2025년까지 전 세계적으로 25억 명이 추가로 도시로 몰려든다. 전 세계 35억 명은 인프라가 부족한 빈민가에서 살게 되는데, 분산화된 자율형 인프라 없인 해결할 수 없다"고 강조했다. 그가 말하는 '분산화된 자율형 인프라'라는 것은 그리드 없는 분산형 에너지, 파이프 없는 하수 시스템, 토지 없는 식량 생산, 차량 없는 교통체계, 통화 없는 경제활동, 토지 소유 없는 권리 제공 등이다.

라슨 대표는 좋은 도시를 만들기 위해서는 체계적인 절차가 필요하다고 강조했다.

첫째는 '인사이트(통찰)'다. 통신 데이터 등을 활용해 여러 정보를 수집하고 현재 도시 상황을 제대로 아는 것이 급선무다. 주민들이 어디 많이 모이고, 무엇을 하면서, 얼마나 시간과 에너지를 쓰는지 등이다. 풍부한 데이터를 토대로 '밀도·근접도·다양성·에너지' 등을 평가한다.

둘째는 '변혁을 위한 액션'이다. 주거혁신을 통해 모든 사람이 집을 마련하고, 모빌리티를 개선해서 효율성을 높이는 등 변화를 위한 행동을 시작해야 한다는 것이다.

셋째는 '예측'을 해야 하는데 어떤 액션을 취했을 때의 결과를 모델링하고 시뮬레이션하는 것이다. 예를 들어 자율주행차를 개인이 소유할지, 여러 명이 공유할지에 따라 예측 결과가 달라지게 된다.

넷째는 이해 당사자들의 '컨센서스(합의)'가 필요하다는 것이다. 라슨 대표는 영화 〈아바타〉에서 그 종족들이 거대한 3D 데이터를 보면서 전쟁 전략을 세우는 장면이 우리의 미래에 큰 시사점을 준다고 했다. 여러 사람의 의견을 취합해 3D나 가상현실로 보여주고 공유할 수 있는 기술이 컨센서스를 이끄는 데 유용하게 쓰일 것이라는 얘기다.

그다음으로는 합의된 사항을 최적화해서 실행할 수 있는 '통치(거버넌스)' 구조를 만들고, 이후 실제 사회에서 상용화하고 적용하는 '이행' 단계로 마무리된다. 이행 단계에서 사회적 펀드를 끌어들이는 것도 큰 도움이 된다.

"미국 지방채 유망…틈새에 기회 많다"

오치 테츠오 MCP자산운용 대표

오치 테츠오는 아시아 최대 자산관리회사인 MCP자산운용사의 CEO이자 파트너로, 이 회사의 최고 3인 운용위원회의 1인으로 활동하고 있다. MCP자산운용은 홍콩에 본사를 두고 시카고, 도쿄, 서울에 지사를 두고 다양한 포트폴리오 투자전략을 제공하고 있다. 2000년에 MCP를 설립하기 이전인 1997년부터 오치 테츠오는 크레디트 스위스에서 기업금융 및 구조화 상품 담당 전무로 일했으며 그 이전에는 CSFB에서 구조화 상품을 담당해왔다. 1994년에 크레디트 스위스에 오기 전에는 리먼 브러더스 일본 법인에서 주식 파생상품과 스왑상품을 매매하는 최고 트레이더이자 법인 부회장으로 일했다. 도쿄대학교에서 학사 및 석사 학위를 받았다.

COLLECTIVE INTELLIGENCE:
OVERCOMING GLOBAL PANDEMONIUM

중국이 환율조작국 지정을 피했지만 여전히 글로벌 금융시장은 불안에 떨고 있다. 미·중 무역전쟁이 해소되지 않았고 미 연준은 기준금리 인상기조를 유지하고 있다. 불안한 시장 가운데서 기회를 찾는 사람이 있다. 오치 테츠오Ochi Tetsuo MCP자산운용 대표는 〈매일경제〉와 만나 불확실성이 높아진 만큼 시장에는 기회가 많다는 의견을 밝혔다. 투자자들의 관심이 덜한 '틈새시장'에서 안정적이며 높은 수익을 기대할 수 있다고 그는 설명했다.

MCP자산운용은 아시아 최대 규모의 재간접 헤지펀드 운용사다. 여러 전략을 구사하는 헤지펀드에 분산투자해 안정적인 수익 창출을 목표로 한다. 오치 대표는 "변동성을 줄이는 게 능사는 아니다. 상승할 수 있는 여지를 하락에 비해 크게 만드는 게 핵심"이라고 MCP자산운용의 투자철학을 설명했다.

오치 대표는 미국 지방채를 유망한 투자처로 꼽았다. 관심을 갖는 헤지펀드가 적다는 점이 역설적으로 미국 지방채의 매력을 높였다. 미 지방채는 높은 신용등급을 갖고 있으며, 2017년 미국 세제 개편이 마

2. 스마트 투자: 쉬운 돈벌이의 종말   119

무리되며 불확실성이 크게 줄었다. 여기에 매도 포지션을 갖는 헤지펀드의 참여가 적고 개인투자자의 비중이 높아 수익을 내기 쉽다는 것이다. 그는 "투자할 곳을 고를 때 수년간 지속적인 수익을 낼 수 있을지를 먼저 본다"며 "미 지방채 시장은 지속적으로 좋은 수익을 내는 시장이 될 것"이라고 밝혔다.

미국과 중국의 무역전쟁은 향후 어떻게 전개될지 예측하기 어렵다고 그는 전망했다. 경제 문제로 생겨난 이슈가 아닌, 트럼프 미 대통령의 정치적인 판단으로부터 시작됐기 때문이다. 투자에 나서기에는 불확실성이 큰 상황이다. 그러나 오치 테츠오 대표는 무역전쟁으로 변동성이 커진 만큼 새로운 틈새를 찾는 기회로 볼 수 있다고 설명했다. 그는 "무역전쟁은 분명히 투자를 어렵게 만드는 요인이지만 투자할 곳을 찾을 수 있는 기회기도 하다"며 "중국의 기술기업들이 무역전쟁으로 저평가받고 있다. 이번 전쟁 끝에 살아남을 기업을 찾아 투자해야 할 것"이라고 설명했다.

오치 대표는 아직 글로벌 금융시장에 위기가 찾아온 것으로 진단하기는 이르다고 설명했다. 2018년 10월 미 기술주가 큰 폭으로 하락하며 전 세계 금융시장이 흔들리기도 했지만 단기적인 조정이라는 의미다. 주식과 채권이 다른 방향으로 움직이고 있다는 점이 이유로 꼽혔다.

일반적으로 안전자산으로 꼽히는 채권과 위험자산인 주식은 반대방향으로 움직인다. 시장 불확실성이 커지면 채권에 돈이 쏠린다. 그러나 불확실성이 더욱 커질 경우 기관투자자들은 주식과 채권 모두를 매도해 현금화에 나설 수 있다. 오치 대표는 "주식시장에서 자금이 빠져 나가며 채권금리도 꾸준히 상승한다면 걱정해야 할 상황이 올 수도 있다"며 "아직 크게 걱정하는 수준이 아니다. 주식과 채권의 방향성이 그대로 유지되고 있다"고 전했다.

그는 운용 매니저를 선택하는 기준으로 열정과 독자적인 아이디어를 꼽았다. 가령 기술주에 투자하는 매니저들이 대부분 같은 종목을 얘기한다면 그 종목은 이미 붐비고 있다는 것이다. 좋은 수익률을 내고 있으면서도 남다른 아이디어를 제시하는 매니저가 높은 수익률을 가져다줄 수 있다고 그는 밝혔다. 오치 대표는 "남들과 다른 아이디어를 가진 매니저를 찾은 다음, 그들이 말한 논리가 현실화되고 수익으로 이어지는지를 지켜본다"며 "매니저들이 투자 대상을 공개하지 않는 경우도 많지만 투자 이전에 상황을 알고 있어야 사후 관리가 가능하다"고 밝혔다.

일자리 해법 끝장토론

리처드 쿠퍼 하버드대학교 경제학 교수

리처드 쿠퍼는 런던정경대학교LSE에서 경제학 석사, 하버드대학교에서 박사 학위를 취득한뒤 하버드대학교 경제학과 교수로 재직 중이다. 미국 정부 요직도 두루 거치며 국가정보위원회 위원장, 국무성 경제담당 부차관, 보스턴 연방준비은행 의장 등을 역임한 바 있는 경제학 석학이다. 이목희 대통령 직속 일자리위원회 부위원장은 서울대학교 무역학과를 졸업한 후 한국노동연구소 소장, 노사정위원회 상무위원회를 역임했으며 17대·19대 국회에서 환경노동위원회, 보건복지위원회, 재정경제위원회에서 활동했다. 2018년 4월 일자리위원회 부위원장 취임 이후 좋은 일자리 창출, 일자리 질 개선 정책 콘트롤타워로 일하고 있다. 김인철 성균관대학교 명예교수는 시카고대학교에서 경제학 박사 학위를 취득했으며 한국개발연구원에서 환율과 외채를 연구한 뒤 1988년부터 성균관대학교 교수로 재직해왔다.

"제조업은 과거 농업이 걸어왔던 길을 걷고 있다. 장기적으로 볼 때 미래 일자리 창출 키는 신산업에서 찾아야 한다. 일자리 창출이 제조업에서 나오던 시대는 이제 지났다."

제19회 세계지식포럼 일자리 해법 끝장토론에서 리처드 쿠퍼 Richard N. Cooper 미국 하버드대학교 경제학 교수가 건넨 조언이다.

이날 세션은 김인철 성균관대학교 경제학 교수가 좌장을 맡아 쿠퍼 교수와 이목희 일자리위원회 부위원장 간 패널 토론으로 진행됐다. 그는 "미국은 지난 40년간 제조업 고용수치가 줄어왔다"며 "인공지능, 로보틱스 등 첨단기술 발전으로 생산성이 향상됐기 때문에 일어난 결과"라고 말했다. 그 때문에 저숙련 노동자 일자리가 구조적으로 줄어들 수밖에 없고 신산업에서 일자리 창출에 적극 힘써야 한다는 설명이다.

정부는 2019년부터 이 같은 민간 분야 신산업 일자리 창출을 위한 인프라스트럭처 확충에 적극 나설 방침이다. 이 부위원장은 "예를 들어 수소차 산업을 하려면 수소차 제조공장을 만드는 것도 필요하지만 수소차 충전소를 만들어야 한다"며 "민간기업이 하기 어려운 이 같은 인프라를 정부가 나서서 구축하는 한편 연구개발비 지원 등을 아끼지 않겠다"고 말했다.

수소차를 비롯한 민간 지원을 위한 인프라스트럭처 구축이나 연구개발비 지원 등을 통해 40만 개 민간 일자리를 창출한다는 것이 일자리위원회의 목표다.

여기에 보건·의료 부문서 10만 개를 더해 총 50만 개 일자리 창출 방안을 강구 중이다. 그는 "세제·금융 개혁 등을 정부가 확고하고도 총체적으로 할 것"이라며 "미래차, 바이오헬스, 반도체, 신재생에너지 등 다방면에 걸쳐 정책을 수행할 것"이라고 말했다.

다만 구조적인 요인으로 지속적인 일자리 창출은 어렵다는 점을 전제로 한다. 이 부위원장은 "과거와 같이 일자리가 30만~40만 개씩 늘어나던 시대는 다시 올 수 없다"며 "생산가능인구가 줄어들기 때문"이라고 말했다. 일자리위원회는 2019년부터 예산을 적극 투입해 2019년 하반기에는 신규 일자리 20여만 개를 만들어낸다는 목표다.

최근 미국 연방준비제도가 금리인상을 본격화하며 신흥국발 금융 불안 현상이 나타나고 있다. 이에 대해 쿠퍼 교수는 "신흥국이 달러표시 부채를 짊어지고 있기 때문에 금리가 오르면 손해를 보는 측면이 있기는 하다"며 "그러나 한편에선 신흥국에게도 혜택이 있다. 신흥국의 주요 수출국인 미국 경제가 그만큼 예상보다 성장세를 나타내고 있다는 뜻이기 때문"이라고 말했다.

그는 한국 경제에 대한 긍정적인 시각도 드러냈다. 쿠퍼 교수는 "국제경제학자 관점에서 볼 때 한국 경제는 상당한 호조세를 나타내고 있다"며 "물가상승률, 실업률 모두 글로벌 관점에선 낮은 수준"이라고 말했다.

이어 그는 "과거보다 한국 경제성장률이 낮아진 점은 사실이지만 경제적 부는 크게 증가했다는 점을 감안해야 한다"며 "언제까지 무한대로 높은 경제성장률을 유지할 순 없다"고 말했다. 한국인이 스스로 느끼는 것보다 국외자 관점에선 한국 경제에 대해 낙관적인 입장을 견지하고 있는 셈이다.

도널드 트럼프 미국 대통령이 불을 붙이고 있는 무역분쟁에 대해서는 비판적인 입장을 견지했다. 쿠퍼 교수는 "트럼프는 미국이 중국 등으로부터 무역 관련 불공정한 대접을 받고 있다고 주장하고 있다"며 "모든 무역은 상호 호혜적으로 모든 이에게 이익을 가져다주기 때문에 불공정한 무역은 없다"고 지적했다. 경제학적 관점에서 무역이 불공정하다고 느껴질 경우 해당 무역은 이뤄지지 않을 수밖에 없기 때문이다. 이러한 자유무역 정신 덕분에 지난 50년간 중국, 한국 같은 신흥국은 물론 미국 같은 선진국도 커다란 혜택을 봐왔다는 것이 그의 설명이다.

미·중 무역분쟁의 향후 향방은 '예측 불허'다. 쿠퍼 교수는 "트럼프 대통령의 행보를 예측할 수 없는 데다 무역 파트너인 중국이 향후 어떤 행보를 보일지 역시도 불확실하다"며 "결말이 어떤 식으로 날지는 모르겠지만 매우 위험한 길을 걷고 있다는 것은 확실해 보인다"고 말했다.

3

신세계 로드맵
영원한 적도 친구도 없다

"한국, 신흥국 위기보다 G2 무역전쟁이 더 위험"

재닛 옐런 전 미 FRB 의장

재닛 옐런은 금융위기 직후 연방준비제도이사회FRB 의장을 맡았다. 그녀는 FRB 역사상 최초 여성 의장으로서 일자리 창출과 통화정책 정상화를 위해 힘써왔다. 의장직을 맡기 전 그녀는 FRB에서 부의장을 역임했고, 아울러 샌프란시스코 연방준비은행 총재 및 최고경영자로 재임한 바 있다. 옐런은 오바마와 트럼프 행정부에서 FRB 의장을 맡으며 미국의 경제성장을 이끌었다. 옐런의 재임기간 미국 주식시장 성장률은 다른 국가들의 성장률보다 훨씬 앞섰고, 물가상승률은 안정적이었으며 실업률은 하락했다. 그녀는 실업률을 낮추고 평범한 미국인들이 더욱더 나은 삶을 사는 데 일조했다는 평가를 받는다. 옐런은 1980년 미국 캘리포니아대학교 버클리캠퍼스 교수로 부임했다. FRB에서 재임하는 동시에 옐런은 빌 클린턴 전 미국 대통령의 경제자문위원회 의장을 역임했으며 버클리 하스경영대학원에서 명예교수를 지냈다. FRB 의장에서 물러난 후 현재는 미국 싱크탱크인 브루킹스연구소에서 특별연구원으로 활동 중이다.

"미국 경제의 경우 강한 팽창을 보이고 있고, 세계 경제의 성장세 역시 견고하게 유지되고 있다, 일부 리스크가 있더라도 좋은 시기가 계속될 것으로 내다본다. 한국 역시 현시점에서는 큰 경제위기를 겪지 않을 것으로 예상된다."

재닛 옐런Janet L. Yellen 전 미국 연방준비제도이사회FRB: Federal Reserve Board 의장은 서울 장충아레나에서 열린 제19회 세계지식포럼에서 "올해 가을은 금융위기의 10주년이 되는 시기"라며 이같이 밝혔다.

옐런 전 의장은 2014년 2월부터 2018년 2월까지 미국 연준의 의장을 지냈다. 재임기간 중 미국 경제의 고용은 증가하고 물가와 금융시장은 안정되는 등 옐런은 성공적인 연준 의장 중 한 사람으로 평가받고 있다. 이날 세션의 좌장은 신제윤 전 금융위원장이 맡았다.

옐런 전 의장은 "(금융위기 때) 미국은 900만 개의 일자리가 사라지고 실업률이 10%대로 올라가는 등 위기를 겪었으며 한국 역시 영향을 받았다"면서도 "미국은 연준이 고용 안정, 인플레이션 안정, 금융제도 강화에 집중하는 등 전례 없던 조치를 단행한 결과 위기를 벗어났다"
고 평가했다.

옐런 전 의장은 미국이 이후 탁월한 경제지표를 보였다고 강조했다.
그는 "미국의 실업률은 3.7%로서 50년 동안 가장 낮은 수치를 보이며
완전고용으로 평가받고 있다"며 "인플레이션 역시 2% 목표보다 낮은
수준을 유지하고 있다"고 덧붙였다.

옐런 전 의장은 앞으로 미국의 경기침체 가능성에 대해서는 "경제
팽창은 시간이 지나면서 없어지는 것이 아니고 경제 균형이 무너지는
등 이유가 있어서 사라진다"며 "현재 가계부채가 낮아지고 은행의 자
금력과 유동성이 모두 좋은 수치를 보이는 데다 금리상승 우려가 있지
만 이 역시 투자자들에 의해 상쇄되는 등 미국의 경제 균형이 부족하
지 않다고 본다"고 선을 그었다.

앞으로 연준의 통화정책에 대해서는 "2020년이나 2021년을 기점
으로 부양정책의 변화가 있을 수 있다"며 "노동시장이 기대 이상으로
긴축되면 통화정책은 노동시장 불안을 줄이기 위해 움직일 것"이라고
예상했다.

마지막으로 옐런 전 의장은 글로벌 경제의 위험요인으로 금리인상
리스크, 무역정책 리스크 두 가지를 꼽았다. 그는 "경제의 연착륙은 쉽
지 않을 것으로 예상된다"며 "달러가 절상되고 금리상승이 있을 경우
신흥 경제국은 어려움을 겪을 수 있으며 중국과의 무역전쟁이 강화되
면 더 큰 영향을 받을 수도 있다"고 덧붙였다.

한국 경제 역시 위기를 맞을 수 있다는 우려에 대해서는 "한국은 견

고한 재정과 금융정책을 갖고 있어 현재로서 위기의 가능성은 없다고 본다"면서도 "다만 위기의 영향을 받을 가능성이 전혀 없다고 보지는 않는다"고 진단했다.

이어 신 좌장의 '한국은행에 조언할 것은 무엇인가'에 대해 묻는 질문에 옐런 전 의장은 "거시경제 도구를 이용해 가계부채를 다뤄야 한다고 생각한다"며 "특히 장기 주택담보대출을 도입하려는 것으로 알고 있는데, 그렇게 하면 금리인상 리스크로부터 이를 보호할 수 있을 거라고 생각한다"고 답했다.

옐런 전 의장은 미국과 중국 간 무역전쟁이 심화하면 중국뿐만 아니라 미국도 소비와 투자가 줄어드는 악영향이 커질 것이라고 전망했다. 또 한국 경제도 보호무역주의 강화로 인한 교역 감소의 부정적 영향을 받게 되며, 이것이 신흥국 경제위기 전염 가능성보다 클 것으로 내다봤다.

또한 그는 미국 연준이 현재 2.0~2.25% 수준인 기준금리를 서너 차례 더 올릴 것으로 예상했다. 다만 일부 우려와 달리 미·중 간 본격적인 통화전쟁이 시작될 가능성은 낮은 것으로 진단했다.

옐런 전 의장은 서울 장충아레나에서 열린 세계지식포럼 '옐런과의 대화' 세션에서 미국 경제와 세계 경제가 전반적으로 '좋은 시기'라고 진단하면서도 "미·중 무역전쟁이 신흥국 경제위기 가능성과 함께 세계 경제의 양대 리스크"라고 지적했다. 그는 "관세가 높아지면 미국 소비자가 중간재 가격 인상으로 어려움을 겪고, 불확실성이 커지면 기업들의 투자에도 영향을 줘 결국은 미국도 부담을 느낄 수밖에 없다"며

"이 영향은 다시 중국으로 이어지고 신흥국 경제에도 악영향을 미칠 것"이라고 설명했다.

특히 그는 소규모 개방경제인 한국과 대만 등 아시아 국가가 대중국 중간재 수출 감소로 영향을 받을 수밖에 없는 상황인 것을 지적하면서 "도널드 트럼프 미국 대통령이 미·중 갈등을 완화할지는 알 수 없는 일"이라고 덧붙였다.

옐런 전 의장은 강연에 이어 〈매일경제〉와 단독 인터뷰하며 터키, 아르헨티나, 파키스탄 등 일부 신흥국에 위기가 오겠지만 1997년 같은 동아시아 국가로의 전염 가능성은 낮을 것이라고 진단했다. 특히 한국 경제에 대해서는 "거시경제와 재정이 견고하고, 외환보유액이 탄탄하며 금융감독이 잘되고 있다"고 평가하면서도 "1997년처럼 급작스러운 위기가 아예 안 온다고 보장할 수는 없다"고 말했다.

그는 "신흥국 위기 전염 가능성보다 중국의 무역 규모가 줄어들 경우 한국 교역 축소로 이어지는 악영향이 더 클 것"이라고 덧붙였다. 미국이 중국을 환율조작국으로 지정하고 본격적인 통화전쟁을 시작할 것이라는 일부 시각에 대해서는 "미·중 간 '말(수사학)'로 통화전쟁을 하는 것은 가능하다"면서도 "최근 위안화 절하는 중국의 환율 조작이 아니라 경제성장 둔화 때문"이라며 실제 통화전쟁 발발 가능성은 낮게 봤다. 미국이 언제까지 금리를 올릴 것인지에 대해서는 시장 전문가들의 일반적인 예상과 비슷하게 "앞으로 서너 번 추가로 올릴 것"이라고 말했다.

옐런 전 의장은 한국 경제에 대한 조언도 아끼지 않았다. 최저임금

인상이 고용에 미치는 영향에 대해서는 "최저임금이 중위소득과 가까워질 때 부정적 영향(10대 노동자·저숙련 노동자 고용 감소)이 커질 가능성이 높다"고 말했다. 국내 최저임금이 2019년 10.9%까지 오르면 최저임금이 중위소득보다 많아진다. 또 최근 정부와 여당의 가계부채·집값 잡기용 금리인상 압박과 관련해서는 "금리를 인상해 가계부채 증가세를 잡는 데 성공한 경험이 많지 않다"고 잘라 말했다.

미국 싱크탱크가 바라본 한반도 문제 해법

크리스토퍼 힐 전 미국 국무부 차관보 외

크리스토퍼 힐 전 미국 국무부 차관보는 2010년 9월부터 미국 덴버대학교 조셉코벨 국제대학 학장으로 역임 중이다. 전직 외교관인 그는 세 명의 대통령에게 임명을 받아 2009년 4월부터 2010년 10월까지 이라크 대사를 마지막으로 네 차례 대사를 역임했다. 힐 대사는 이라크에 파견되기 전에 2005년부터 2009년까지 동아시아·태평양 차관보로 활동했으며 미국 측 북핵 6자회담 대표를 지내기도 했다. 그는 이전에 주한 미국대사였으며, 폴란드 주재 미국대사(2000~2004), 마세도니아 주재 미국대사(1996~1999), 코소보 특사(1998~1999)를 역임했다. 그는 대통령 특별보좌관, 국가안전보장회의National Security Council 수석책임자로도 활약했다. 브루스 커밍스 시카고대학교 교수는 북한 등 한반도 문제를 오랜 기간 연구한 미국의 대표적인 학자다. 1960년대 '평화봉사단'의 일원으로 한국을 찾은 이후 한국 문제에 관심을 가지고 한국 현대사 연구에 몰두했다. 특히 1986년에 펴낸 《한국전쟁의 기원》은 한국전쟁을 다룬 대표적인 저서로 전 세계적으로 명성이 높다. 그는 38선 확정의 책임은 물론 단독정부 수립에 의한 남북 분단 고착화의 책임은 미국에 있다고 주장해 커다란 관심을 불러일으켰다.

"트럼프 정부의 북한 정책에 대해 F학점을 주고 싶습니다."

제19회 세계지식포럼 '새로운 세계를 향한 로드맵: 북한을 바라보는 미국의 속내' 세션에 참가한 크리스토퍼 힐Christopher Hill 전 미국 국무부 차관보가 평가한 트럼프 정권의 대북정책 성적이다. 이날 세션에는 힐 전 차관보를 비롯해 브루스 커밍스Bruce Cumings 시카고대학교 교수, 제이슨 밀러Jason Miller 전 트럼프 인수위 대변인 등이 패널로 참석하고 앤서니 킴Anthony Kim 헤리티지재단 선임연구원이 사회를 맡았다.

한반도 전문가 브루스 커밍스 시카고대학교 교수는 "다른 것은 엉망이지만 트럼프의 대북정책은 B학점 이상이라며 노력을 감안해 A학점은 줄 수 있다"며 "기존 미국 대통령들과 전혀 다른 대통령을 됐다는 것이 오히려 긍정적으로 작용하고 있다"는 견해를 밝혔다.

북핵 6자회담 미국 측 수석대표를 지낸 힐 전 차관보는 이를 정면으로 반박했다. 그는 "트럼프 대통령이 역사를 공부하지 않고 단순히 미국과 북한 간의 문제만이 아님에도 이를 간과하고 있다"며 "남한을 배제하려는 의도가 있을 수 있다"고 진단했다.

2018년 5월 평양 남북정상회담을 계기로 북한 비핵화 논의가 다시 겉으론 활기를 찾은 것으로 보이지만 미국 내 여론은 복잡한 상황이란 게 이날 한반도 전문가들이 총출동한 자리에서 드러났다. 제이슨 밀러 전 트럼프 인수위 대변인은 개인적 의견임을 전제하면서도 전임 행정부와 다른 새로운 접근법으로 문제 해결에 실마리를 찾고 있다고 평가했다. 그는 "도널드 트럼프 대통령은 외교 전문가에 대한 부정적인 시각을 지니고 있다"며 "트럼프의 시각에서 보면 지난해 전 세계가 전쟁의 위험에 빠져 있고 자신만이 이 상황을 해결할 수 있다고 생각하고 있다"고 말했다. 이에 대해 힐 전 차관보는 "치료하지 못하는 암이 존재한다고 의사가 필요 없다고 생각하는 것과 같다"며 "암만큼 북핵 문제가 어렵다는 뜻"이라며 반박했다.

하지만 이들은 트럼프의 대북정책에 대한 접근 방법이 완전히 새로운 것이라는 데는 대체로 의견이 일치했다. 커밍스 교수는 "트럼프 대통령의 신선한 시각은 대북정책에서 정치·경제적 문제를 연계해 해결하려는 점에서 찾을 수 있다"며 "중국이나 베트남 사례에서 보듯 공산주의 체제를 유지하면서 얼마든지 경제적 변화를 이룰 수 있다"고 말했다. 힐 차관보도 "조지 부시 전 대통령이라면 절대 북한 김정은 국무위원장을 만나지 않았을 것"이라며 "실제 6자회담 과정에서도 친서를 보내는 것을 반대했다"고 소개했다. 밀러 전 대변인도 워싱턴에서 실질적인 효과가 있냐며 "즉시 성과를 요구하는 것은 불공평하다"며 "적어도 트럼프는 북한에 공짜로 준 것은 없다"고 단언했다.

이들은 북한의 비핵화 속도에 대해선 다른 견해가 또다시 드러났다. 커밍스 교수는 "남아프리카공화국 사례로 봤을 때 경제제재는 큰 효과가 없고 수십 년 동안 이야기를 나눠보자는 식의 접근법으로 바뀔 수 있다"고 내다봤다. 반면 힐 전 차관보는 "핵을 포기하지 않는다면 핵이 있는 북한 미래가 어둡다는 것을 보여줄 필요도 있다"며 "위험을 감수하더라도 사이버 공격이나 군사 공급망의 방해를 일으킬 수 있는 공격적인 것을 고려해볼 필요도 있다"고 말했다.

커밍스 교수는 세션 이후 〈매일경제〉와 가진 인터뷰에서 "트럼프가 어리석다고 생각했는데 매우 기민하다shrewd"며 "한국을 많이 알지는 못해도 자신이 뭘 원하는지는 알고 있었다"고 평가했다.

세계지식포럼 '미국 싱크탱크가 바라본 한반도 문제 해법' 세션에 참가한 공동군사훈련 전문가인 브루스 베넷 랜드연구소 연구위원도 대북외교에 대해 날 선 경고를 했다. 베넷 연구위원은 "북한이 영변 핵시설 폐기 등 단계적 비핵화 절차를 밟아가는 도중에 그 대가로 대북제재를 완화해주는 것은 큰 실수가 될 것이다. 댐에 구멍이 생기면 얼마 가지 않아 전체가 무너지듯이 완전한 비핵화 없이 제재를 풀면 돌이킬 수 없는 비극이 생긴다"고 주장했다. 그는 대북제재 외에도 북한 대학생 수백 명을 미국 대학 장학생으로 초청하는 방법 등 여러 다른 보상책이 있다고 주장했다.

브루스 클링너 헤리티지재단 선임연구원은 주변국과 비핵화 협상을 벌이고 있는 북한을 '연기와 거울' 전략으로 설명했다. 마술사가 반짝이는 거울로 좌중의 눈길을 돌리는 연기를 통해 속임수를 쓰는 것처럼 김 위원장이 도널드 트럼프 미국 대통령을 속이고 있다는 얘기다.

20년 넘게 미 중앙정보국CIA 등 정보기관에서 북한 문제를 다뤄온 클링너 연구원은 "싱가포르 미·북 정상회담이 있고 나서 4개월이 흘렀지만 아직 비핵화의 정의조차 나오지 않고 문서화된 약속도 없다"며 "워싱턴에서는 문재인 대통령이 비핵화 진전 없이 북한에 너무 많은 것을 해주려 한다는 평가가 많다"고 말했다.

또 그는 "한국 정부는 종전선언이 단순한 정치적 선언에 불과하다고 하지만 종전선언이 조약으로 이어지면 주한미군이 너무 많다는 의견이 논리적으로 나오게 된다"고 설명했다. 특히 클링너 연구원은 "두 번째 미·북 정상회담은 미국이 제대로 준비하지 못한 상황이어서 빨리 하지 않길 바란다"며 "한반도에 대한 평화협정이 이뤄지려면 핵무기뿐 아니라 재래식 무기까지 없어진 다음에 해야 한다"고 말했다.

스콧 스나이더 미국외교협회 선임연구원은 "누군가 속이면 속인 사람이 부끄럽지만 두 번 속으면 속은 사람이 부끄러운 법인데, 세 번째 속는다면 어떻게 표현해야 하느냐"며 "북한에 두 번이나 속고도 세 번째까지 진전시키려는 이들이 답해야 한다"고 말했다. 그는 "평화선언과 비핵화를 연결할 고리가 없는 상황에서 평화선언에만 집중하고 비핵화를 부산물로 여기는 실험적 시도는 엄청난 위험요소가 있다"고 덧붙였다.

반면 미국 민주당 정부의 외교안보 싱크탱크 역할을 해온 게리 새모어 하버드대학교 케네디스쿨 벨퍼센터 연구소장은 "트럼프 대통령의 대북정책이 의미 있는 변화를 보여준다"며 긍정적으로 평가했다.

새모어 소장은 "트럼프 정권이 북한 핵무기를 모두 공개하며 신속한 비핵화를 달성하려 했지만 첫 번째 실패를 받아들이고, 부분적 비핵화와 부분적 평화체계 접근으로 방향을 전환했다"며 "북한이 영변 핵시설 폐기 등 비핵화 조치를 공언함으로써 완만한 단계까지는 잘하고 있는 듯하다"고 분석했다. 또 그는 "트럼프 대통령은 평화선언을 하겠다고 이미 말해버려서 이걸 아예 뒤집는 건 너무 늦었다"며 "평화협정을 잘 작성하고 잘 관리하는 게 중요하다"고 말했다. 새모어 소장은 "김 위원장에게 핵물질에 대한 모라토리엄 선언을 이끌어내려면 결국 북한 경제제재 완화와 남북 경제협력 등 혜택이 주어져야 할 것"이라며 "한국이 북한에 대해 협상력을 유지하는 것이 매우 중요한데 문 대통령이 김 위원장을 만나서 진지한 비핵화 없이는 경제협력이 없다는 점을 확실히 해야 한다"고 조언했다.

투키디데스의 함정 1 : 미국발 무역전쟁, 그 끝은

에드윈 퓰너 헤리티지재단 설립자 외

에드윈 퓰너는 미국 보수 싱크탱크인 헤리티지재단에서 1977년부터 2013년까지 이사 장으로 일하며 미국 정부의 정책 결정에 막강한 영향력을 끼쳤다. 지아 칭궈 베이징대 학교 국제관계학원장은 1988년 코넬대학교에서 박사 학위를 취득했고 미국 진보 성향 싱크탱크인 브루킹스연구소 연구원으로 활동했다. 티에리 몽브리알 프랑스국제관계연 구소lfri 소장은 에콜폴리테크니크를 졸업했고 캘리포니아대학교에서 경제학 박사 학위 를 받았다. 1973~1979년 프랑스 외교부에서 정책기획 담당으로 근무한 뒤 Ifri를 설립 했다.

"미·중 무역갈등을 단순한 관세전쟁으로 봐선 안 된다. 미·중 관계
의 기존 틀을 근본적으로 바꾸겠다는 게 트럼프 대통령의 의도다."

제이슨 밀러 전 트럼프 당선인 정권인수위원회 대변인의 말이다.

미국과 중국 간 충돌은 제19회 세계지식포럼 기간 내내 다뤄진 주
요 화두 중 하나였다. 현 미·중 갈등이 기존 패권 국가와 빠르게 부상
하는 신흥 강대국 간 전쟁이 발발하는 상황을 일컫는 '투키디데스의
함정'으로 이어질 수 있다는 문제인식에서였다.

실제 '미국발 무역전쟁, 그 끝은', '미·중 한반도 비핵화 게임의 결말
은', '미들파워의 역할', '미·중 통상분쟁 해법 끝장토론' 등 여러 세션에
서 미국, 중국, 유럽, 한국 등 세계 각국 전문가들이 출동해 미·중 충돌
을 다양한 각도에서 논의했다.

도널드 트럼프 미국 대통령의 당선인 시절 정권 인수위원회 대변인
을 지낸 제이슨 밀러 전 대변인은 미·중 충돌을 단순한 통상전쟁 수준
으로 봐선 안 된다고 했다. 그는 "현 상황은 미국과 중국 간 패권경쟁이
며, 이는 향후 인류 100년 역사를 결정할 사안이 될 것"이라고 규정했

다. 그러면서 "트럼프 대통령은 후임 미국 대통령이 자신만큼 미국의 이익에 관심을 갖지 않을 수 있다는 점을 우려하고 있다"며 "그래서 경쟁국은 물론 우방국까지 전 세계를 상대로 동시다발적으로 무역협상 개정에 나선 것"이라고 설명했다.

미국 대표 보수 싱크탱크인 헤리티지재단 설립자인 에드윈 퓰너 Edwin Feulner는 "중국 주변국들은 모두 중국보다 훨씬 작은 국가들이며, 중국이 일대일로 전략을 밀어붙이면 승산이 없는 상황"이라며 "이들 국가는 현 상황에서 미국의 지원을 조용히 기다리고 있다"고 말했다. 트럼프 대통령과 개인적 친분이 두터운 퓰너 설립자는 "트럼프 대통령은 협상에 임할 때 큰 그림을 그리고, 관습적인 접근을 거부한다"며 "이전 미 대통령들이 애둘러 했던 문제제기를 트럼프 대통령은 직설적으로 하고 있다. 이 같은 방식은 분명 효과를 거둘 것"이라고 전망했다.

반면 지아 칭궈Jia Qingguo 중국 베이징대학교 국제관계대학원장은 미국이 중국의 부상을 견제하겠다는 의도 하에 중국의 지엽적 문제들을 과장하고 있다고 반박했다. 자 원장은 "최근 (중국 산업 스파이 행위 등을 공개 지적한) 마이크 펜스 미 부통령 연설을 보면 미국이 단순 무역전쟁을 넘어 중국을 여러 방법으로 봉쇄해 중국 경제를 파괴하려는 것 같다"고 분석했다. 자 원장은 이어 "중국이 미국 선거에 개입하고, 미국 내 중국 유학생들이 공작원으로 활동하고, 중국 관광객들이 프로파간다propaganda(선전) 작업을 한다고 하는데 도대체 그게 가능하기나 한 일인가"라며 "미국이 언제부터 이렇게 자신감을 잃었나. 그동안 미국에 대해 우호적 입장을 갖고 있는 중국인들까지도 트럼프 행정부에 등을 돌리고 있다"고 목소리를 높였다.

자 원장은 "미국이 대중 적대정책을 펼친 결과 중국의 대북제재 협력 의지가 많이 약화됐다"며 "이는 북한 비핵화가 더디게 진행되는 결과로 이어질 수 있다"고 덧붙였다.

티에리 몽브리알 프랑스국제관계연구소IFRI: Institut Francais Des Relations Internationales 소장은 "트럼프 대통령은 전후 국제질서에 대한 개편을 시도하고 있으며, 기존 다자주의 무역체계를 파괴할지가 향후 최대 관건"이라며 "지난 60여 년간 전쟁을 방지했던 국제질서가 재편되고 있다는 데 주목해야 한다"고 진단했다.

그렇다면 '투키디데스 함정'에서 주장하는 대로 결국 중국의 부상은 미국과의 충돌로 이어질까. 세계지식포럼에 참석한 다른 전문가들은 각각 다른 의견을 냈다.

라비 벨루어Ravi Velloor 싱가포르 더 스트레이트 〈타임즈〉 부주필은 미국이 중국을 견제하기 시작했다고 분석했다. 벨루어 부주필은 "역사적으로 미국 행정부의 4개축 백악관·국무부·국방부·재무부의 중국에 대한 이해관계는 달랐지만 지금은 (중국을 견제한다는 것에) 일치한다"고 설명했다. 그는 "재무부도 월스트리트로부터 피드백을 받으면서 중국에 대한 자세를 바꿨다"면서 "미국 기업들이 중국에 진출하는 것을 힘들어하고 있다"고 말했다. 그는 "미국인들이 더 이상 중국이 이런 상황에서 지배해서 하게는 안 된다고 말하고 있다"고 덧붙였다.

벨루어 부주필은 2015년 3월 미국 전직 외교관인 로버트 블랙윌이

외교 관련 논문을 쓰는데 중국의 정부가 근본적으로 완전하게 무너져야만 워싱턴에서 중국이 균형 있게 발전할 수 있다고 얘기한 내용이 들어 있다고 설명했다. 단순히 한두 곳의 문제가 발생해도 중국의 지배력은 무너지지 않는다고 미국 정부가 인식하고 있다는 것이다. 당시 이 논문을 작성한 스터디그룹 중 한 사람이 바로 '투키디데스 함정'이라는 단어를 만들어낸 그레이엄 앨리슨 하버드대학교 교수라는 것이 벨루어 부주필의 설명이다.

반면 고든 플레이크 퍼스 미국아시아센터 CEO는 투키디데스 함정이 지금의 G2에는 적용되지 않는다고 비판했다. 그는 "아테네가 부상하면서 스파르타가 궁지에 몰렸다는 이야기 자체가 흥미진진하지만 작은 도시국가의 것을 현대에 도입하기에는 차이가 너무 크다"고 설명했다. 그는 "가장 큰 것은 중국과 미국이 핵을 보유하고 있다는 것"이라면서 "전쟁이 불가피하다고 하는 것 자체가 어불성설이다"고 평가했다. 그는 "세계를 G2 구도로만 바라보는 데에도 동의를 하지 않는다"라면서 "대신 규칙기반rule-based의 사회와 그렇지 못한 사회로 봐야 한다"고 주장했다.

플레이크 CEO는 "호주에서는 규칙기반이라는 것을 신성시하고 있는데 이는 힘 있는 자가 옳은 세상이 아닌 곳을 말한다"면서 "규칙이 있고 절차를 지켜야 하는 곳이다"라고 덧붙였다. 그는 "한국, 스위스, 미국은 전 세계에서 룰 베이스 사회를 강화시키는 것이 더 유리한 국가"라면서 "투키디데스 함정은 G2 세계에서 미들파워들의 역할을 부정했다"고 평가했다.

플레이크 CEO는 "지난 12개월 동안 일본과 호주가 TPP를 활성화시키기 위해 노력을 기울이고 있다"면서 "미국이 빠져나가고 이 딜은 엎어진 것이라고 생각했지만 그 근본적인 가치는 없어지지 않았다"고 설명했다. 그는 "미들파워라는 개념을 쓰고 싶다면 한국이 가장 취할 수 있는 효과적인 조치는 TPP에 합류하는 것"이라면서 "이는 전 세계에서 룰 베이스 시스템을 강화하고 한국 국익이 보장될 수 있는 방식"이라고 조언했다. 그는 "고신뢰 사회에 남아 시스템 질서를 만드는 것에 참여한다면 그 국가가 중견국가 미들파워이고 참여하지 않으면 질서를 파괴하는 주범이 될 것"이라고 강조했다.

투키디데스의 함정 2 :
미·중 한반도 비핵화 게임의 결말은
허버트 맥마스터 전 백악관 국가안보회의 보좌관

허버트 맥마스터 전 보좌관은 34년 동안 미국 육군에 몸담으며 미국 최고의 군 전략가로 이름을 날렸다. 1984년 미 육군사관학교를 졸업한 후 걸프전과 이라크, 아프가니스탄 전쟁 등에 참전했다. '20세기 마지막 최대 기갑전'으로 불리는 이라크전 '73이스팅 전투'를 승리로 이끈 주역이다. 2017년 2월부터 2018년 4월까지 트럼프 행정부 두 번째 백악관 국가안보회의 보좌관을 역임하며 미국의 대외정책을 진두지휘했다. 아울러 정의용 청와대 국가안보실장과 한미 간 소통 채널을 구축하면서 한미 대북정책 공조의 한 축으로 역할을 했다. 현재는 보수 성향 싱크탱크인 스탠퍼드대학교 후버연구소에서 연구 활동을 하고 있다.

허버트 맥마스터Herbert R. McMaster 전 백악관 국가안보회의NSC 보좌관은 대북제재 완화를 두고 한미 간 의견 대립이 불거진 상황에서 제19회 세계지식포럼에 참석했다. 이런 상황 때문에 대북제재 완화에 대한 그의 견해에 한국 당국자들의 관심이 크게 쏠릴 수밖에 없었다. 2018년 4월까지 14개월간 미국의 대북정책을 진두지휘해온 맥마스터 전 보좌관이 내놓은 입장은 간결했다.

"그동안 북한에 대한 최대한의 압박 전략은 적절했다. 대북제재를 통한 이 같은 압박을 빠르게 완화해선 안 된다."

사실상 문재인 정부의 대북제재 완화 기조에 강력한 우려를 표명한 것으로 받아들여졌다.

맥마스터 전 보좌관은 "과거 북한은 국제사회에 (비핵화 관련) 뭔가 개선됐다는 허상을 보여주면서 협정 체결을 통해 뭔가 이득을 취했다"면서 "그러다가 다시 협정을 파기하는 패턴을 반복했다는 사실을 잊어선 안 된다"고 강조했다. 이어 그는 "과거 제네바 합의 실패에서 교훈을 얻어야 한다"며 "자칫 북한이 국제사회의 합의 체결 후 파기를 반복했

던 과거 패턴을 반복할 수 있다"고 했다. 그러면서 "북한이 말보단 행동
으로 나설 때 미국도 김정은 위원장의 비핵화 의지를 믿을 수 있을 것"
이라고 말했다.

그는 김정은 북한 국무의원장의 비핵화 의지를 전하며, 대북제재에
미국이 전향적인 입장을 보여주면 비핵화 속도를 높일 수 있다는 청와
대 기류에도 다음과 같이 일침을 가했다.

"남북 대화와 미·북 대화 같은 기회를 살리려면 현실the world as it is
을 제대로 직시해야 한다. 우리가 바라는 생각we might like it to be을 할
게 아니다."

그는 문재인 대통령이 "김 위원장은 핵 포기의 대가로 체제 보장을
원하고 있다는 발언을 지속하고 있다"며 미국을 설득하는 데 "한국
전쟁이 끝난 1953년 이후 촉발된 모든 군사도발과 테러, 피격 행위는
100% 북한이 자행한 것이다. 그런 북한 정권에 대한 체제 보장을 어떻
게 확신시켜 줄 수 있는 것인가"라고 의문을 표했다.

이어 맥마스터 전 보좌관은 "공항에서 신경물질로 형제를 암살하
는 사람이 핵무기를 보유해도 될 것인가 하는 의구심을 모두가 느꼈다"
며 "가족을 공개처형하는 사람이 핵을 보유했을 때 전 세계에 위협이
될 수 있다"고 했다.

북한 정권과 그 지도자의 실체를 잊어선 안 된다는 점을 강조한 것
이다. 맥마스터 전 보좌관은 이 과정에서 한국 사회에서도 이제 잘 언
급되지 않는 '적화통일'이라는 단어까지 사용했다.

"김정은이 이미 재래식 무기도 충분한 상황에서 핵까지 보유하려

한다. 북한이 핵으로 한반도를 적화통일하겠다는 뜻을 여전히 갖고 있을 가능성을 배제해선 안 된다"고 했다.

맥마스터 전 보좌관은 북한 비핵화를 달성하기 위해선 한국 정부가 과거보단 미래를 바라보며 일본과도 관계 개선에 나서야 한다고 조언하기도 했다. 그는 "한미 동맹을 굳건히 하는 동시에 일본도 여기에 참여해야 한다"며 "민주주의 국가들과의 우정과 신뢰를 회복해야 한다"고 강조했다. 또 "한국인들이 과거를 돌아보며 분노하는 것은 자연스럽다"면서도 "과거로 분열되면 오늘날 과제를 극복할 힘을 잃게 된다"고 했다. 그러면서 "미국은 일본과 태평양전쟁을 치렀지만 현재 미·일 동맹은 한때 서로 적이었다는 사실이 믿기지 않는 것 같은 동맹관계"라며 "더 나은 세계를 만들기 위해선 역사를 기억하면서도 미래를 내다봐야 한다"고 했다.

맥마스터 전 보좌관은 남·북·미 간 종전선언 논의와 관련해선 필요성을 일부 인정하기도 했다. 맥마스터 전 보좌관은 "종전선언에 대해 깊이 들여다보진 않았다"고 전제한 뒤 "다만 북측에 국제사회와의 긴장을 완화할 수 있는 대안이 있다는 점을 보여줄 필요는 있다"고 했다. 또 "김정은 위원장은 정권 붕괴가 아닌 (체제를 보장받을 수 있는) 다른 대안이 있다는 점을 깨닫도록 할 필요가 있다"며 "최대한 압박 전략을 유지하면서도 이런 메시지를 북측에 전달해야 한다"고 말했다.

맥마스터 전 보좌관은 북한 비핵화 후 주한미군 철수 가능성을 묻는 질문에 "북한 정권은 핵무기를 갖고 한미 동맹을 깨뜨리겠다고 얘기했다"며 "(핵을 이용해) 주한미군 철수를 이끌어낸 뒤 대한민국을 재래

무기로 공격하겠다는 이론들이 있었다. 모든 가능성을 열어둬야 한다"
고 밝혔다.

맥마스터 전 보좌관은 포럼 기간 내내 전 세계를 위협하는 2개의 요인으로 북한과 더불어 중국을 꼽았다. 그는 중국에 대한 강경한 발언을 거듭하며 중국을 바라보는 미국 조야의 속내를 가감 없이 드러냈다. 이는 미·중 무역전쟁으로 직격탄을 맡게 된 한국 정부와 기업으로서도 반드시 참고해야 할 발언이었다.

"(미국과 충돌을 피하고 싶다면) 국제 규정을 준수해라. 중국이 세계무역기구WTO 가입으로 국제무역체계에 편입됐지만 불공정 경제행위를 일삼으며 성장했다. 중국이 성장하길 원하지만, 다른 국가와의 거래를 악용하는 방식으로는 안 된다"고 말했다.

또 그는 "중국은 지적재산권을 강탈하고, 덤핑을 통해 공정한 경쟁을 회피하고, 산업스파이 활동을 벌인다"며 중국의 불공정 행위를 조목조목 지적했다. 또 "일대일로 전략으로 주변국에 부채를 안긴 뒤 해당 국가의 인프라스트럭처를 갈취하고 있다"며 "중국이 200년 전 식민지 시대 때나 있을 법한 조약을 주변국에게 요구하고 있다"고 중국을 강하게 비판했다.

맥마스터 전 보좌관은 미·중 갈등을 풀기 위해선 우선 양국의 공통이익 분야에서 협력을 강화해야 한다는 견해를 밝혔다. 이 같은 양국 공통이익 중 하나가 바로 북핵 문제라며 문제 해결의 키는 중국이 쥐고 있다고 했다.

"북한 핵 보유는 동북아 지역에 핵무장 경쟁을 촉발할 수 있다. 한국과 일본까지 핵을 보유할 경우 대만과 태국도 핵을 보유하기 원할 것이다. 또 북한이 보유한 핵무기가 테러 조직에 흘러들어 갈 수 있다. 이는 미국과 중국의 안보에 중대한 사인이 될 수 있다. 즉 북핵 문제는 양국의 이해가 일치하는 영역이다."

맥마스터 전 보좌관은 그러면서 "북한 무역의 95%가 대중 무역"이라며 "북한 경제에 강력한 영향력을 갖고 있는 중국이 북핵 문제 해결에 결정적인 역할을 할 수 있다"고 촉구했다.

—— 핵 없는 세상: 노벨평화상 수상자의 해법 ——

틸먼 러프 핵전쟁방지국제의사회 공동대표 외

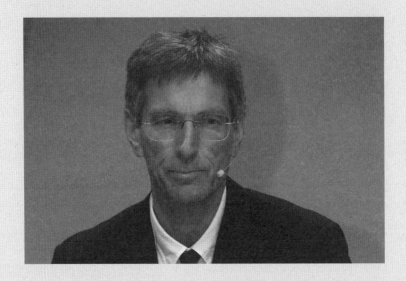

틸먼 러프는 핵전쟁방지국제의사회의 공동대표다. 이 단체는 1985년 노벨평화상을 수
상한 단체로 그를 중심으로 호주 멜버른에서 창립됐다. 가와사키 아키라는 핵무기폐기
국제운동의 국제운영위원이다. 아키라와 핵무기폐기국제운동은 지난 2017 노벨평화상
을 받았다. 사회를 맡은 테리 마틴은 도이체벨레에 저널리스트로 DW뉴스의 진행을 맡
고 있는 선임 앵커다.

"안타깝게도 핵무장 국가 중 군축을 하고 있는 국가는 없습니다. 그 때문에 핵무기를 보유하지 않은 나라들이 게임 체인저Game Changer가 돼야 합니다. 이는 전 세계 인류가 지속적으로 생존 가능한가 아닌가 하는 문제로 전 세계가 다 같이 당면해 있는 과제라는 얘기입니다."

제19회 세계지식포럼 '핵 없는 세상: 노벨평화상 수상자의 해법' 세션에서 틸먼 러프Tilman Ruff 핵전쟁방지국제의사회IPPNW: International Physicians for the Prevention of Nuclear War 공동대표는 "핵무기 보유국들은 현재 보유한 핵을 지키고 이를 더 강력한 무기로 개발하는 데 혈안이 돼 있다"고 진단했다.

IPPNW는 핵전쟁 위험을 줄이기 위해 설립된 국제 의학전문가 단체다. 1980년 12월 스위스 제네바에서 미국의 세계적인 심장병 전문의 버나드 라운 박사와 소련심장학회 회장을 역임한 예브게니 차조프 박사 등 6명이 설립했다. 미국 보스턴에 본부를 두고 있으며 1985년에는 반핵 의식을 높이는 데 기여한 공로로 노벨평화상을 받았다. 이 기구는 미국과 소련의 대표적인 의학자들이 창립한 데다 동서양 진영 전문가들이 두루 참여해 활동한다는 점에서 주목을 받았다.

그는 핵전쟁이 발발할 가능성이 역사상 어느 때보다 높아진 가운데 인류는 제2차 세계대전 이후 또 다른 세계전쟁을 맞을 위기에 놓여 있다고 설명했다. 핵무기의 위험은 기후변화와 식량안보 문제를 통해 전 세계에 드러나고 있다고 진단한 것이다.

그는 "핵 과학자들은 '운명의 날 시계Doomsday Clock'라는 용어를 종종 사용하는데 이는 인류가 파멸할 수 있는 시기와 얼마나 가까운가를 나타내는 개념"이라면서 "24시에 도달하면 인류가 종말하는 시나리오인데, 현재 시간은 23시 58분으로, 종말로부터 단 2분밖에 남지 않았다"고 경고했다.

그는 "많은 기후 과학자들이 핵무기 사용 등 핵전쟁 이후의 기후와 관련한 연구를 진행해왔고, 결국 핵무기는 '자살폭탄'과 마찬가지라는 결론을 내렸다"며 "특히 최근 폭력적인 국제분쟁이 급증하고 있고 이는 대부분 핵 보유국에서 시작되고 있다"고 말했다. 또 "핵무기 사용으로 이어질 수 있어 세상은 더욱더 위험한 곳이 될 가능성이 높다"고 덧붙였다.

이날 세션은 노벨평화상 수상자들이 전 세계의 비핵화를 이루기 위한 해법을 제시하는 시간을 가졌다. 세계보건기구는 인류의 존속을 가장 크게 위협하는 대상으로 핵무기를 꼽은 바 있다. 핵무기는 지구상 모든 생명체에 위협을 가하고 있다.

하지만 2017년 이에 대한 선제적 대응을 위해 유엔은 가입국들을 대상으로 핵무기금지조약TPNW을 이끌어낸 바 있다. 이 조약의 체결을 성공적으로 이끈 핵무기폐기국제운동 ICAN: International Campaign to Abolish Nuclear Weapons은 세계 안보에 기여한 바를 인정받아 2017년 노벨평화상을 수상했다. 유엔은 핵무기금지조약은 현존하는 유일한 반핵 지침으로 모든 가입 국가에 법적 의무가 있음을 선언했다.

가와사키 아키라 Akira Kawasaki 핵무기폐기국제운동의 국제운영위원은 "수년 동안 핵무기 금지와 관련한 다양한 국제적 활동이 있었고 국제 반핵운동인 '인도주의 이니셔티브 Humanitarian Initiative' 등의 활동을 통해 핵무기금지조약을 채택할 수 있었지만 한국, 일본 등은 미국의 핵 우산에 의존하고 있기 때문에 반대 의사를 표명했다"며 아쉬워했다.

ICAN은 핵무기금지조약 준수와 완전한 이행을 위해 결성된 비정부기구 NGO다. IPPNW가 제안해 2007년 오스트리아 빈에서 공식 출범했다. 전 세계 101개국 468개 협력기관으로 구성됐으며, 제네바에 본부를 두고 있다. ICAN은 2017년 7월 핵무기 전면 폐기를 골자로 한 '핵무기금지조약'이 채택되는 데 중요한 역할을 한 공로를 인정받아 2017년 노벨평화상을 수상했다.

그는 "북한이 이 조약을 참여하게 된다면 검증 절차를 통해 핵무기 폐기 결과를 보여줘야 한다"며 "무기를 제조하는 국가에 금융적인 지원을 주는 것을 막는 것 또한 중요하다"고 말했다. 그러면서 "북한이 핵무기를 폐기하겠다고 공언하고 있는 가운데 남북 정상회담이 성사됐고 미·북 정상회담도 성공적으로 열렸다"면서 "비핵화를 비롯해 한반도에서의 평화 달성이 눈앞에 다가오고 있지만 이것을 어떻게 지속가능하게 하고 탄탄하게 할 것인가는 생각해봐야 할 문제"라고 말했다.

ICAN은 싱가포르에서 열린 미·북 정상회담 당시 핵무기 없는 한반도를 만드는 과정을 제안하기도 했다. 그는 "지난 미·북 정상회담 당시 ICAN은 싱가포르에 방문해 핵무기금지조약에 북한과 한국을 비롯해 미국이 참여할수 있도록 독려했고, 향후 포괄적핵실험금지조약CTBT을 비준할 수 있도록 하는 것이 목표"라면서 "해당 조약에 참여해 궁극적으로 비핵화를 이루고 법적인 구속력도 확보할 수 있는 노력들을 지속해야 할 것"이라고 강조했다.

이들은 노벨평화상 메달을 직접 관객에게 보여주기도 했다. 논의는 어떻게 더 많은 국가가 비핵화에 참여하게 할 것인가로 이어졌다. 러프는 "핵무기도 핵무기지만 현지 지구상에서 생화학 무기를 대량살상무기로 규정하고 있다"며 "이는 화학 무기에 대한 낙인효과가 존재한 것"이라고 말했다. 결국 핵무기를 만드는 국가를 국제조약으로 통제하고 압박해야 한다는 얘기다.

아키라는 "정치적으로 사용할 필요도 없는 것을 왜 유지하거나 현대화하는 데 투자하는가 하는 문제를 제기해야 한다"며 "이런 무기체제를 유지할 필요가 없다는 것을 여론은 물론 종교를 통해서도 경종을 울리게 해야 한다"고 말했다. 결국 핵무기를 유지하는 일이 국제사회에서 체면이 서지 않는 일로 인식돼야 핵 보유국들의 핵폐기로 이어질 수 있다는 것이다. 그는 "유엔 핵무기금지조약은 현존하는 유일한 반핵 지침으로 모든 가입 국가에 법적 의무가 있음을 선언했다"며 "비핵화 조약은 한반도를 넘어 전 세계 평화의 도화선이 될 수 있도록 모든 국가가 가입해야만 한다"고 강조했다.

러프는 "한반도의 비핵화를 위한 가장 좋은 시나리오는 남한과 북한이 모두 핵무기금지조약에 서명하고 비준하는 것"이라며 "핵무기금지조약은 한반도의 신뢰할 수 있는 비핵화를 보장하는 법적 구속력이 있는 수단"이라고 말했다.

"글로벌 대혼란 극복하려면
다자주의 회복해야"

반기문 전 유엔 사무총장

반기문은 대한민국 최초로 유엔 사무총장을 역임했다. 2004년 1월부터 2006년 11월까지 노무현 정부에서 제33대 외교통상부 장관을 지냈다. 이후 2006년 10월에 유엔 총회에서 제8대 유엔 사무총장으로 선출돼 한 차례 연임을 거쳐 지난 2016년까지 재직했다. 그는 외무부 미주국장, 외교정책실장, 대통령 비서실 외교안보수석 비서관, 외교통상부 차관 등을 지낸 정통 외교관 출신이다. 2013년 〈포브스〉가 선정한 전 세계에서 가장 영향력 있는 인물 32위에 선정됐다. 2016년 미국 외교잡지 〈포린 폴리시〉는 파리기후협정을 성사시킨 공로로 세계의 사상가 100인 중 한 명으로 반 전 사무총장을 선정하기도 했다. 학부는 서울대학교 외교학과를 졸업했다. 2018년 1월 하인츠 피셔 전 오스트리아 대통령과 반기문세계시민센터를 공동으로 설립해 현재 공동의장을 맡고 있다.

"세계는 공동운명체임을 기억해야 합니다. 아무리 강력한 국가라도 세계가 겪고 있는 문제를 혼자서 해결할 수는 없습니다."

반기문 전 유엔 사무총장은 서울 장충아레나에서 개막한 제19회 세계지식포럼에 특별 강연자로 나서 글로벌 대혼란을 극복하기 위해 전 세계가 힘을 모아야 한다고 강조했다.

반 전 총장은 특히 2018년 포럼 주제인 '집단지성: 글로벌 대혼란 극복의 열쇠'가 시의적절하다면서 "세계지식포럼이 지식 격차를 좁히고 인류가 직면한 문제에 대한 지속가능한 해법을 마련하는 데 도움이 될 것"이라고 밝혔다.

최근 보호무역주의에서 비롯된 무역전쟁이 미국과 중국을 넘어 각국으로 확산하고 북한 비핵화와 기후변화 등 글로벌 난제들이 불확실성을 키우고 있다.

반 전 총장은 "관세를 앞세운 보호무역주의가 상품과 자본 흐름을 막고 있다"며 "고립을 자처하는 나라들이 생겨나고, 포퓰리즘이 퍼지고 있다"며 우려를 드러냈다.

그 해결책으로 반 전 총장은 '다자협력 재건'을 제시했다. 자국우선주의에서 비롯된 분열상의 해법은 '국가 간 협력 강화'라는 메시지를 던진 것이다.

이와 관련해 반 전 총장은 2017년 6월 파리기후변화협정 탈퇴를 선언한 미국을 향해 쓴소리도 뱉었다. 그는 "미국의 파리기후변화협정 탈퇴를 두고 다자주의가 결핍된 행위라는 국제사회 질타가 이어지고 있다"며 "도널드 트럼프 미국 행정부는 정치적으로는 근시안적이고, 경제적으로는 무책임하며, 과학적으로는 근거 없는 행동을 하고 있다"고 경고했다.

파리기후변화협정은 지난 2015년 195개국이 온실가스 배출 감축에 합의한 것으로 반 전 총장의 유엔 총장 재임 시 최고 업적 중 하나로 꼽힌다. 반 전 총장은 유엔 산하 '기후변화에 관한 정부 간 협의체IPCC'가 최근 발표한 보고서를 인용해 기후변화를 막으려는 국제사회 공조를 강조했다. IPCC 보고서는 지구 온도 상승폭을 파리기후변화협정에서 결정된 2도에서 1.5도로 조정하는 방안을 담았다. 온난화를 제어하기 위해 특단의 조치가 필요하다는 경고음을 울린 것이다.

반 전 총장은 "최근 미국 산불과 인도네시아 자연재해 등 기상이변이 일어나고 있어 기후변화가 실재하고 더 빠르게 진행되고 있음이 입증됐다"면서 "우리가 조화롭게 자연과 더불어 살 의무를 저버리면서 발행한 재앙이므로 (자연재해는) 결국 인재다"라고 밝혔다.

반 전 총장은 다자주의의 회복을 위해서는 유엔뿐 아니라 세계 지식인들이 적극 나서야 한다고 역설했다. 그는 "세계 평화 수호를 위한 유엔의 역할은 매우 중요하지만, 그에 못지않게 중요한 것이 이 자리에 모인 글로벌 리더들의 역할"이라며 다양한 분야의 혁신가와 대표들이 힘을 합쳐 글로벌 난제를 풀어야 한다고 주장했다.

아울러 반 전 총장은 인공지능AI을 필두로 한 신기술 발전이 패러다임 변화를 일으키고 있다고 지적하고 AI 오용이 낳을 수 있는 부작용을 막기 위해서도 국제사회 협력을 강조했다.

반트럼프, 유럽 자유무역 수호자 가능할까

에스코 아호 제37대 핀란드 총리 외

에스코 아호는 36세인 1991년에 핀란드 역사상 최연소 총리에 올라 1995년까지 핀란드를 이끌었다. 그는 총리 재직 시절 핀란드의 EU 가입(1995)을 이끌었다. 현재 하버드대학교 케네디 스쿨에서 수석연구원으로 재직 중이다. 아란차 곤잘레스는 1964년에 설립된 국제기구인 국제무역센터ITC의 사무총장이다. ITC는 UN과 WTO 산하의 연구기관이다. 곤잘레스 사무총장은 2005~2013년 WTO 총재인 파스칼 라미의 수석보좌관으로 일했고 EU 집행위원회에서도 일했다. 르노 지라르 르 피가로 대기자는 1984년 종군기자로 임명된 후 34년간 중동, 아프리카, 발칸 반도, 구소련연방 및 아시아의 전쟁을 취재했다. 파리의 국외 언론단이 수여하는 'Le Grand Prix de la presse internationale' 언론상을 받은 바 있다. 현재는 파리정치대학교(시앙스포Sciences Po)의 국제전략 교수로 일하고 있다. 도널드 존스턴은 1996년부터 2006년까지 10년간 OECD 사무총장을 지냈다. 캐나다 맥길대학교를 졸업한 그는 제1회 세계지식포럼 때부터 세계지식포럼에 참석해왔다.

도널드 트럼프 대통령으로부터 시작된 미·중 간 무역전쟁이 전 세계 경제를 흔드는 가운데 세계지식포럼에서는 '반트럼프, 유럽 자유무역 수호자 가능할까' 세션이 열렸다. 세계 최대 경제공동체인 유럽연합 EU이 자유무역이 모든 국가를 이롭게 한다는 철학 아래에서 세워졌기 때문에 '보호무역'의 시대에 유럽이 자유무역의 수호자가 된다는 것은 자연스러운 예상이다.

참석자들은 먼저 과거 보호무역주의자였던 아서 반덴버그 미국 미시간 주 상원의원의 사례에서 논의를 출발했다. 1948년 당시 공화당의 유력 대선후보였던 아서 반덴버그 상원 외교위원장은 민주당 해리 트루먼 행정부의 유럽 재건정책인 '마셜플랜'에 초당적 협력을 약속한 결의안인 '반덴버그 결의'로 유명하다. 국익 앞에는 정파적인 이해관계는 중요하지 않다는 대표적인 사례로 꼽힌다. 그는 외교뿐만 아니라 제2차 세계대전 이후에는 자유무역을 반대하는 입장이었으나 전후에는 입장을 바꿔 자유무역을 지지했다.

도널드 존스턴Donald Johnston 전 OECD 사무총장은 "아서 반덴버그처럼 도널드 트럼프 미국 대통령도 자유무역의 소중함과 미국의 역할을 깨닫고 입장을 바꾸게 될지 얘기를 해봤으면 좋겠다"면서 "무역전쟁은 미국의 입장에서도 손해가 크다"고 설명했다.

그는 첫 번째로 중국이 미국 국채 1조 달러를 보유하고 있어서 미국에 영향을 줄 수 있다는 점을 꼽았다. 최대 미국 채권 보유국 중 하나로 이를 통해 미국 경제에 영향을 미칠 수 있다는 것이다.

두 번째로 미국이 중국 유학생으로부터 큰 이득을 보고 있다는 점을 꼽았다. 미국 내에 공부하는 중국 학생수가 연간 30만 명이 넘고 이들이 지역 내 대학과 사회에 기여하는 바가 180억 달러에 달한다는 것이다. 또한 이들 중 상당수가 미국에 절실히 필요한 공학계 인재이기 때문에 중국 유학생 비자 발급을 중단하는 것은 미국 경제에도 타격이 크다는 것이다.

르노 지라드Renaud Girard 〈피가로〉 대기자는 유럽이 미국의 역할을 이어받아 자유무역의 수요자가 되기에는 역부족이라고 진단했다. 그는 "1990년대 냉전이 끝나고 세계 경찰 역할을 미국이 맡았다"면서 "코소보 세르비아 내전에 개입해 유고를 대상으로 무력 공격했을 때 미국은 유엔 안전보장이사회의 허락을 받지도 않고 나토헌장에도 위반되는 것이었다"고 설명했다. 그러나 2003년 이라크 침공이 참담한 실패로 끝나면서 미국은 세계의 경찰국가로 보기 어려워졌다고 진단했다. 지라드 대기자는 "올해 캐나다에서 G7 정상회담이 있었는데 당시 트럼트 대통령은 정상들의 안에 서명하기를 거부해 미국은 경제에서도 더 이상 경찰국가로 보기 어렵다"고 판단했다.

반면 EU는 미국에 반대로 갈 만큼의 힘을 갖고 있지 못하다. 그것이 드러나는 것이 이란 핵협정이다. 지라드 대기자는 "유엔 안보리에서도 승인한 핵협정을 미국이 일방적으로 탈퇴했고 프랑스와 독일 기업들은 상당한 피해를 보게 됐다"면서 "미국 대사가 3개월 시한을 주겠다고 발언하자 기업들은 그에 따라 이란에서 철수할 수밖에 없었다"고 평했다.

EU가 유로화라는 강력한 통화를 가지고 있음에도 기축통화가 아니고, 여전히 미국이 설정한 규칙을 따라야 한다는 점에서 EU가 경제경찰로서 가질 수 있는 힘은 제한적이다.

다만 지라드 대기자는 유럽이 좀 더 강력한 기구로 통합이 이뤄진다면 경제적인 영향력은 커질 수 있다고 내다봤다. 그는 "얼마 전 쿠카라는 독일 IT 기업이 중국 기업에 인수됐는데 당시 독일과 프랑스 정부가 이를 불편하게 봤다"면서 "반면 트럼프 대통령은 국가정상 중 처음으로 기술유출에 대한 목소리를 냈다"고 비교했다. 그는 "1980년대만 해도 미 항공사 맥도넬더글라스(현재는 보잉에 합병)가 유럽 항공사를 인수하기 위해서는 기술유출 관련해 EU의 규칙을 따라야 했다"면서 "유럽도 기술이전 등에 대해 목소리를 낼 수 있을 것"이라고 예상했다.

아란차 곤잘레스Arancha González 국제무역센터 사무총장은 G2나 EU 같은 강력한 국가가 나서 국제질서를 안정화시키는 것보다는 다자적인 접근이 필요하다고 주장했다.

그는 먼저 미국 내에서 불평등 문제와 중국이 세계 경제로 편입되었다는 사실을 생각해봐야 한다고 설명했다. 곤잘레스 사무총장은 "미국 상위 1%가 1982년에는 전체 국익의 12%를 보유하고 있었지만 지금은 22%를 보유하고 있다"면서 "이는 큰 문제가 있다"고 설명했다. 이같은 쏠림현상이 국제무역에 대한 반발과 트럼프의 부상으로 나타났다는 것이다.

두 번째로 곤잘레스 사무총장은 "1980년대 중국이 글로벌 제조업에서 차지하는 비중이 5%였지만 지금은 25%를 차지한다"면서 "중국이 세계 경제로 편입된 것이 다른 국가의 소비자들에게 도움이 된 측면이 있다"고 분석했다.

곤잘레스 사무총장은 "오늘날에는 한쪽은 승리하고 다른 쪽은 패한다는 논리는 통하지 않는다고 본다"면서 "중국이 이기면 미국이 지는 것이 아니라 둘 다 패하거나 둘 다 이기는 것도 가능하다"고 말했다. 이는 핵전쟁 시대가 되면서 국가 간 전면전이 상호 공멸로 이어질 것이므로 전 세계에서 전면전이 사라진 것과 비슷하다.

그는 기술과 지적재산권 문제도 시대의 이슈라고 설명했다. 기술과 경제가 너무 빠르게 변하기 때문에 정부의 규제가 이를 따라가지 못하고 있다는 것이다. 그러므로 기술이전에 국가가 어느 정도 개입해야 할지에 대한 논의도 필요하다고 그는 주장했다.

곤잘레스 사무총장은 "EU뿐만 아니라 한국, 멕시코, 일본, 캐나다, 인도네시아와 같은 미들파워 국가들도 정치적으로 다극적인 마인드셋을 가져야 한다"면서 "이들 국가가 베이징에 가서 시진핑을 만나고 워싱턴에서 트럼프를 만나는 등 중간자 역할을 하는 것이 필요하다"고 조언했다. 그는 "이런 국가들이 국제무역의 규정을 수정해 새로운 다극

사회를 반영해야 한다"고 덧붙였다.

에스코 아호 Esko Aho 전 핀란드 총리는 트럼프 행정부의 궁극적 전략이 무엇인지가 중요하다고 말했다. 그는 "트럼프 행정부의 전략에 따라 유럽의 역할도 정해질 것"이라면서 "미국의 선택은 크게 플랜 A와 B의 두 가지가 있을 것"이라고 내다봤다.

플랜 A는 미국이 단순히 무역전쟁을 하려 한다는 것이다. 한국이나 유럽, 멕시코, 캐나다와는 무역전쟁을 안 하지만 중국과는 무역전쟁을 할 수 있다는 전략을 갖고 있는 시나리오다. 아호 총리는 "플랜 A에서는 궁극적으로 중국과 무역협정 체결로 이어질 수 있다"면서 "이 경우 WTO의 역할도 바뀔 수 있다"고 설명했다.

플랜 B는 미국이 중국을 '궁극적인 적'이라고 상정하는 경우다. 이 경우 미국의 전략은 중국을 완전히 고립시키는 것으로 미국은 새로운 양극 체제에 대비하는 중으로 볼 수 있다. 아호 총리는 이것이 '냉전으로의 복귀'라고 정의했다.

그는 만약 미국의 정책이 중국을 고립시키는 플랜 B라면 유럽이 독립적인 역할을 해야 한다고 설명했다. 경우에 따라서는 중국과 협력할 필요도 있다는 것이다. 그러나 플랜 A의 경우에는 양자 간 무역협정을 체결하는 것으로 해결될 수 있을 것으로 그는 내다봤다.

블록체인
4차 산업혁명의 엔진

대전환의 시대: 닷컴에서 블록체인으로

에릭 리 링크드인 공동창업자 외

에릭 리는 세계 최대 비즈니스 전문 소셜네트워크서비스인 링크드인의 공동창업자이자 최고기술책임자CTO 출신이다. 리 창업자는 지난 2002년 리드 호프만 CEO 등 스탠퍼드대학교 동기들과 함께 링크드인을 창업했다. 링크드인은 현재 5억 3,000만 명 이상의 사용자를 보유한 세계 최대 비즈니스 소셜미디어로 등극했다. 리 창업자는 최근 블록체인 기술을 도입한 개인 신용평가 서비스 '허브Hub'에 집중하고 있다. 홀세이 마이너 세일즈포스 공동창업자는 IT 분야에서 굵직한 글로벌 기업들을 대거 일궈낸 자타공인 '마이더스의 손'이다. 마이너 대표는 첨단기술을 다루는 인터넷 미디어인 씨넷CNET을 지난 1994년 창업하면서 정보기술 업계에 두각을 드러낸 인물이다.

"블록체인은 기존 인터넷의 최대 약점인 '신뢰'의 문제를 완벽하게 해결해줄 것입니다. 이제 인터넷은 단순한 정보 공유의 기능을 넘어 블록체인을 기반으로 한 '가치 거래'의 시대를 맞이하게 될 것입니다."

제19회 세계지식포럼 참석차 한국을 방문한 세계적인 비즈니스 소셜미디어 링크드인Linked in의 공동창업자 에릭 리Eric Ly는 "인터넷의 등장은 수많은 사람과 관계를 맺는 것을 가능하게 했지만 가짜 신상과 거짓 뉴스가 범람하는 등 신뢰 문제는 해결하지 못했다"며 "정보 조작이 불가능한 블록체인 기술의 도입으로 인터넷상에 신뢰관계가 형성되면서 수백억대 부동산 거래와 같은 실물자산도 온라인 거래가 가능해질 것"이라고 말했다.

'온라인 분산원장'으로도 불리는 블록체인은 모든 사용자의 동의·승인 하에만 정보가 갱신되는 시스템이기 때문에 원칙적으로 데이터를 조작하는 것이 불가능하다.

리 창업자는 그간 링크드인을 경영하며 배운 교훈들이 블록체인 사업에 뛰어들게 된 계기라고 설명했다. 그는 "링크드인을 운영하면서 사용자들이 온라인상에서 다른 사람에게 어필하기 위해 학력이나 경력을 속이는 경우가 많다는 것을 알게 됐다"며 "인터넷에 존재하는 정보는 누군가 조작할 수 있기 때문에 100% 신뢰할 수 없다는 점에서 그 한계가 명확하다"고 설명했다. 이어 그는 "이 같은 점을 극복하려면 추가적으로 오프라인에서 면대면 만남까지 가져야 하는데 이 과정에서 큰 시간과 비용이 소요된다"고 지적했다.

그는 "반면 모든 정보가 사슬chain 형태로 연결되어 있는 블록체인은 특정 사용자가 임의로 정보를 조작하는 것이 불가능한 불변성immutability이 강점"이라며 "블록체인 도입으로 인터넷이 신뢰 부족이라는 한계를 극복하면 그간 불가능했던 부동산 등 실물자산 거래는 물론, 온라인 송금이나 P2P 대출 같은 금융거래, 신상 및 평판 확인 서비스등 무한한 거래의 가능성이 열리게 된다"고 설명했다.

그는 "한마디로 '정보의 인터넷'이 '가치의 인터넷'으로 전환되는 것"이라며 "블록체인을 통해 실물경제의 상당 부분이 사이버 세상에서 거래되는 시대가 조만간 열릴 것"이라고 말했다.

리 창업자는 이 같은 전망을 바탕으로 가까운 시일 내에 블록체인이 글로벌 경제 시스템을 송두리째 흔들 것이라고 전망했다. 그는 "현재 시가총액이 1조 달러 이상인 기업은 전 세계에 두 곳(아마존, 애플)밖에 없지만 블록체인 기반 네트워크가 정착되면 시가총책 수조 달러 이상인 기업이 다수 탄생할 것"이라며 "각국 정부가 적극적인 규제혁신을 통해 블록체인 산업을 적극 육성할 필요가 있다"고 제안했다.

홀세이 마이너Halsey Minor 라이브플래닛 창립자 겸 최고경영자도 블록체인의 가능성을 높이 평가했다. 그는 "기업들이 블록체인 시대에 맞는 탈중앙화된 시스템을 만들지 않으면 호된 대가를 치를 것"이라고 말했다.

마이너 대표는 "블록체인은 인터넷에는 없는 가치 공유의 기능이 있기 때문에 인터넷의 등장보다 훨씬 더 큰 변화를 가져올 것"이라며 "기업들이 낡은 사고방식에서 벗어나 서비스의 탈중앙화·분권화를 추진해야 변화의 물결에서 살아남을 수 있을 것"이라고 강조했다.

그는 지난 2014년 창업한 암호화폐 거래소 업홀드의 회장으로 재직 중이며 블록체인을 이용해 동영상을 인코딩·저장·유통하는 기술을 개발하는 비디오코인의 전략적 투자자로도 활동하고 있다.

마이너 대표가 말하는 가치 공유란 소비자가 서비스의 생산과 유통 과정에 직접 참여하는 네트워크를 의미한다. 그는 "그간 대부분의 IT 서비스는 기업이 보유한 중앙 서버에 기반을 둔 중앙집권형 서비스였다"며 "앞으로는 개인이 가진 서버를 기반으로 서비스를 제공하는 분산형 서비스가 대세가 될 것"이라고 설명했다.

그는 블록체인에 대해 스타트업에서 기존 대기업 영역으로 침투 중이라고 진단했다. 기존 블록체인이 코인공개ICO를 통해 기존 회사들을 대체하는 스타트업들에게 힘을 실어줬다면 이제는 전통적인 산업군의 상업영역 변혁에 도움을 주는 시점이 도래했다는 것이다. 최근 들어 ICO가 주춤하고 다양한 대기업들이 블록체인 활용방안을 실험하고 있는 것과 같은 맥락이다.

블록체인의 가능성과 미래 전망에 대해 세계 각국의 전문가들은 긍정적인 메시지를 던졌다. 블록체인 스타트업을 운영하다 대만 국회 의원이 된 독특한 이력을 가진 제이슨 쒸Jason Hsu 의원은 블록체인에 대해 "기술혁신을 위해 규제장벽을 제거하고 산업을 공공부문과 연결해서 공동발전시키는 것이 바람직하다"며 "대만 국회에서는 핀테크 샌드박스와 같은 자율규제 조직을 만들어 정부가 산업과 서로 신뢰하며 상호작용할 수 있도록 노력하고 있다"고 말했다.

한편 가상화폐 투기 논란으로 인해 블록체인 산업을 강력 규제하고 있는 한국 정부의 방향성에 대해선 우려하는 전문가들이 많았다. 벤처 캐피털 블록크래프터스를 운영하고 있는 박수용 대표는 한국 정부가 규제의 명확한 방향성을 정해주지 않고 있어 되려 산업을 위축시킬 우려가 있다고 설명했다. 올바른 규제방안이 빨리 확립되어야 '룰이 있는 경기장' 안에서 산업이 자생력을 가질 수 있다는 지적이다.

박 대표는 "한국의 경우 규제에 대한 많은 논의는 있으나 아직 명확한 방향성이 주어지지 않은 상태로 언제 도입될지도 불투명하다"며 "싱가포르나 대만 같은 국가에서 사업을 진행하려는 기업들이 늘어나고 있는데, 현재와 같은 무정부 상태가 계속되면 기업들은 계속 이런 고민을 할 수밖에 없을 것"이라고 지적했다.

쉴라 워렌Sheila Warren WEF 블록체인 총괄은 "중앙은행들이 블록체인 기술을 어떻게 이용하고 통화정책에까지 연결해 활용할 수 있는지 살펴보고 있다"며 "이 기술이 엘리트나 특정 지역, 국가에 혜택을 주는 방식으로 사용돼서는 안 된다"고 강조했다.

블록체인이 그려나갈 세계 경제의 새로운 궤적

샘 카사트 컨센시스 최고전략책임자 외

샘 카사트는 2015년부터 컨센시스의 기업전략을 총괄하고 있다. 컨센시스는 세계 최대의 이더리움 소프트웨어 개발회사다. 조지프 루빈 이더리움 공동개발자가 2014년 설립했다. 카사트 최고전략책임자는 컨센시스 합류 전 다수의 소프트웨어 개발 프로젝트에 참여했다. 미국의 모바일 앱 개발 스타트업 앳모스피어Atmospheir에서 최고기술책임자를 맡았다. 미국 존스홉킨스대학교 인지신경과학 분야에서 이학사를 받았다. 같은 대학에서 인지신경과학과 컴퓨터과학을 결합한 학습 과정을 개설해 공부하기도 했다. 다 홍페이는 2014년 블록체인 네트워크 네오를 만들고 동명의 가상화폐를 발행했다. 네오는 '중국의 이더리움'으로 불리는 글로벌 가상화폐다. 현재 그는 중국 블록체인 소프트웨어 개발기업 온체인의 최고경영자를 맡고 있다. 잭 푼 교수는 홍콩이공대학교에서 회계학과 재무학을 강의하고 있다.

흔히 블록체인을 인터넷에 비유한다. 1990년대 인터넷이 등장해 전 세계를 연결한 것처럼 블록체인을 통해 다시 한 번 대혁신이 일어날 것이라는 기대를 반영한다. 각국 정부도 가상화폐는 규제하고 있지만 블록체인에 대해선 강력한 지원·육성 의지를 밝히고 있다.

전 세계의 다양한 기업과 기관 역시 앞다퉈 블록체인 프로젝트에 착수하고 있다. 하지만 당장 뚜렷한 성과가 나오지 않아 가상화폐와 블록체인이 정말 필요한 것이냐는 의심의 목소리가 나오는 것도 사실이다.

서울 신라호텔에서 열린 제19회 세계지식포럼의 '블록체인이 그려나갈 세계 경제의 새로운 궤적' 세션에는 샘 카사트Sam Cassatt 컨센시스ConsenSys 최고전략책임자CSO가 연사로 나서 기업과 기관이 블록체인을 구체적으로 어떻게 도입, 활용해야 하는지 발표했다. 컨센시스는 세계 최대의 이더리움 소프트웨어SW 개발기업이다. 조셉 루빈Joseph Lubin 이더리움 공동개발자가 2014년 설립했다. 기업·기관이 다양한 목적으로 쓸 수 있는 블록체인 애플리케이션과 프로그램을 개발

해준다. 전 세계의 다양한 정부기관과 기업이 컨센시스의 도움을 받고 있다. 시진핑 중국 국가주석이 주도하는 경제특구 신도시 슝안雄安신구를 블록체인 기반의 스마트시티로 만드는 프로젝트에도 참여하고 있는 것이 대표적이다. 최근에는 세계 최대 클라우드 서비스 기업 아마존웹서비스AWS와 협력해 폐쇄형 블록체인private blockchain 앱 구축과 운영을 지원해주는 플랫폼 '칼레이도Kaleido'를 선보이기도 했다.

카사트 CSO는 이날 세션에서 블록체인에 잘못 접근하고 있는 기업과 기관이 많다고 진단했다. 그는 "대부분 블록체인이 필요 없는데도 자문을 구하는 사례가 많다"고 지적했다. 카사트 CSO는 참여자 간에 신뢰가 없거나, 중간비용이 과도하게 높은 분야에서 블록체인이 가장 큰 힘을 발휘할 수 있다고 설명했다. 블록체인은 중앙저장 방식의 일반 DB와는 달리 데이터를 네트워크상 참여자들에게 분산해 저장한다. 사실상 위·변조가 불가능해 높은 투명성을 제공하고 참여자 간에 신뢰가 형성된다. 제3의 중개자 없이 개인 간 거래P2P가 가능한 것도 이 때문이다. 카사트 CSO는 "속도는 중앙 DB가 훨씬 빠르다"며 "블록체인의 장점은 속도가 아니다"고 말했다.

블록체인 적용이 필요한 대표적인 분야로는 공급망 부문과 부동산 산업을 꼽았다. 카사트 CSO는 "공급망에서 제조사, 운송사, 보험사 등이 서로를 믿지 못하고 각자의 주장만 할 때 블록체인이 DB를 훌륭하게 대체할 수 있다"고 말했다. 또 그는 "블록체인에 부동산 등기를 하면 집을 사고파는 것뿐 아니라 행정도 훨씬 쉬워질 것"이라고 말했다.

다만 블록체인 적용 분야가 정해져 있는 것은 아니라고 설명했다.

소셜네트워크서비스SNS나 게임상에서 가상화폐가 쓰이는 것이 대표적이다. SNS와 게임은 참여자 간에 불신 문제가 크지 않고 중간비용도 높지 않다. 하지만 사람들이 밈meme(인터넷에서 유행하는 이미지)이나 게임 아이템 등 쓸모없어 보이는 것에 가치를 부여하면서 새로운 경제 행위가 나타나고 있다.

카사트 CSO는 블록체인이 이미 실제 생활의 다양한 분야에서 쓰이고 있다고 강조했다. 대표적인 예로 컨센시스의 스마트 계약 프로그램 오픈로OpenLaw를 통해 다양한 법률 계약을 효율적으로 진행할 수 있다. 스마트 계약은 계약 조건과 조항을 블록체인에 입력하고 조건이 충족되면 자동으로 계약이 이행되게 하는 시스템이다. 컨센시스는 호주의 로펌 코스체임버스웨스트가스Corrs Chambers Westgarth와 협력해 오픈로를 통한 부동산 거래도 지원하고 있다. 최근에는 메리디오Meridio라는 플랫폼상에서 부동산 소유권을 주식처럼 나눠 사고팔 수 있게 하는 프로젝트를 시작했다.

카사트 CSO는 "가상화폐를 살지 말지는 가상화폐나 블록체인이 인터넷의 일부를 대체할 거라고 믿거나, 적어도 인터넷과 비슷하다고 믿는지에 달렸다"며 "만약 인터넷이 처음 개발, 구축되기 시작할 때 그 일부를 살 수 있었다면 나는 샀을 것"이라고 말했다. 다만 "가상화폐는 주식과 달리 가격 변동성이 너무 크기 때문에 매우 신중해야 한다"고 말했다.

이번 세계지식포럼에는 다 홍페이Da Hongfei 네오NEO 창업자도 '세계 경제지도 바꿀 블록체인 기술' 세션의 연사로 참석했다. 네오는 '중국의 이더리움'이라고 불리는 글로벌 가상화폐다. 홍페이 창업자는 중국의 블록체인 SW 개발기업 온체인Onchain의 최고경영자도 맡고 있다. 홍페이 창업자는 세션 발표에서 블록체인의 도입·활용 현황에 대해 카사트 CSO와는 조금 다른 진단을 내놨다. 그는 "아직은 대부분 시험 작업을 하고 있는 중"이라며 "블록체인이 실생활에서 광범위하게 쓰이기까지는 5~10년 정도가 걸릴 것"이라고 말했다. 다만 기저에서는 실질적인 변화가 일어나고 있다고 강조했다. 홍페이 창업자는 "높은 건물을 지으려고 할수록 구멍을 더 깊게 파야 한다"며 "블록체인도 멀리서 보면 아무 일도 일어나지 않는 것처럼 보이지만 가까이서 보면 인프라스트럭처 구축 작업이 활발히 진행되고 있다"고 말했다.

한편 가상화폐에 대해서는 다소 비관적인 전망이 나오기도 했다. 잭 푼Jack Poon 홍콩이공대학교 교수는 '비트코인에 닥친 위험' 세션에서 비트코인 보상 시스템의 구조적인 한계를 지적했다. 비트코인은 거래 검증 작업(채굴)을 가장 먼저 끝내는 컴퓨터에 새로운 비트코인을 주는 방식으로 설계돼 있다. 푼 교수는 "검증 작업의 난이도는 경쟁자가 많아질수록 높아진다"며 "검증 작업에 필요한 컴퓨터 장비와 전력 소모량도 증가하게 된다"고 지적했다. 이어 그는 "들어가는 비용만큼 수익이 나지 않아 결국엔 아무도 검증 작업을 하지 않게 될 것"이라며 "2020년이 되면 비트코인 보상 시스템이 붕괴하고 가격은 반토막 날 것"이라고 전망했다. 푼 교수는 "비트코인의 실패는 가상화폐 전반의 실패로 이어질 수밖에 없다"면서 "다른 가상화폐가 살아남는다고 해도 전체 생태계가 회복되기까지는 오랜 시간이 걸릴 것"이라고 덧붙였다.

새로운 자산으로 떠오르는 암호화폐

제이 음 트랜스링크캐피털 공동설립자 겸 전무 외

제이 음 트랜스링크캐피털 공동설립자는 미국 실리콘밸리에 기반을 둔 초기기업 전문 벤처캐피털인 트랜스링크캐피털에서 아시아 지역의 기술기업과 소비재 관련 기술에 집중하고 있다. 케니 쉬 코인슈퍼 전무이사는 미국 캘리포니아 출신으로 모건스탠리에서 증권 브로커로 일했다. 미국 일리노이대학교에서 컴퓨터공학을 공부한 박상곤 코빗 대표는 이후 컨설팅 회사 액센츄어와 스타트업 등에서 경험을 쌓았다. 박훈 메타디움 대표는 신원 확인 프로토콜 업체 메타디움의 CEO다. 에글레 네메이크스티테는 아시아·유럽·호주의 블록체인 이해관계자를 연결하고 비즈니스·재무·공공행정 분야에서 블록체인 기술을 응용하기 위해 설립된 블록체인 센터 빌뉴스의 CEO다.

"암호자산crypto-assets을 기반으로 하는 기술혁신은 금융 시스템과 더욱 광범위한 경제에 상당한 이익을 제공할 수 있다. 그러나 암호자산은 소비자와 투자자 보호, 시장 무결성, 탈세, 자금 세탁과 테러자금 조달에 관한 문제를 불러일으킨다. 암호자산에는 법정통화의 핵심 속성이 없다. 암호자산이 현시점에서 글로벌 금융 안정성에 위험을 제기하진 않지만 우리는 여전히 경계하고 있다."

2018년 3월 G20 재무장관·중앙은행총재회의에서 채택한 공동선언문에 따르면 그간 가상화폐virtual currency, 암호화폐crypto currency, 디지털 통화digital currency 등 다양한 표현이 난립하던 용어가 '암호자산'으로 통일됐다. 이에 앞서 글로벌 금융규제 협의체인 금융안정위원회FSB는 G20 재무장관회의에 제출한 보고서에서 규제방안 마련에 초점을 두고 '암호자산'이란 용어를 본격적으로 쓰기 시작했다.

혁신적인 미래 기술과 일시적 투기광풍 사이를 넘나들던 비트코인과 다른 수많은 '알트코인'이 이제 '화폐' 대신 '암호자산'으로 새롭게 태어나고 있다. 2018년 7월 한국은행은 〈암호자산과 중앙은행〉 보고

서를 펴내며 암호자산이 "현시점에서 (법정)화폐를 대체할 가능성은 극히 낮아 보인다"고 선을 그으면서도 "향후 기술적 문제와 일반적인 수용성이 높아진다면 투자자산이나 지급수단으로서 활용이 확산될 가능성을 배제하긴 어렵다"고 일정 부분 암호자산의 역할을 인정하는 입장을 취했다. 또 한국은행은 "거래소 운영의 투명성이 낮고 보안이 취약한 것"을 들며 암호자산의 가격 변동성과 시장 유동성 리스크 등이 금융 시스템 전반의 리스크로 확대·전이되는 점을 우려했다. 이에 따라 앞으로도 블록체인 기술의 발전과 암호자산 이용 증가 추세에 따라 경제에 미치는 영향을 지속적으로 연구·모니터링하겠다는 기본 방향도 분명히 했다.

크리스 버니스크Chris Burniske 플레이스홀더벤처스Placeholder Ventures 공동설립자와 엔젤투자자 겸 암호자산 스타트업 재무 컨설턴트 잭 타터Jack Tatar는 그들이 공동저술한 《크립토애셋, 암호자산 시대가 온다》에서 "많은 암호자산이 전통적인 자산과 더 유사한 형태로 시장의 수요 공급에 의해 가격이 책정되고 있다"며 현대 포트폴리오 자산 균형배분 전략에 근거해 암호자산은 혁신적인 투자자에겐 닷컴 버블 이후 최대 기회라고 말한다. 다만 그들 역시 "암호자산 시장은 규제가 덜한 만큼 성숙시장에 비해 불건전 행위가 오래 지속될 수 있고 투자자들은 상당한 주의를 기울이지 않으면 금융 범죄자에게 이용당할 수 있다"며 신중히 접근할 것을 단서로 달았다.

블록체인 업계 전문가들이 한자리에 모인 제19회 세계지식포럼에서도 '새로운 화폐'를 넘어 '새로운 자산'으로 새롭게 조명받고 있는 암호자산에서 기관투자자들과 정부가 투자기회를 찾아내야 한다고 입을 모았다. 이 자리엔 미국 실리콘밸리의 초기기업 전문 벤처캐피털 트랜스링크캐피털TransLink Capital의 제이 음Jay Eum 공동설립자 겸 전무이사를 사회자로, 케니 쉬Kenny Shih 코인슈퍼Coinsuper 전무이사, 박상곤 코빗 대표, 박훈 메타디움Metadium 대표, 리투아니아 출신의 에글레 네메이크스티테Egle Nemeikstyte 블록체인 센터 빌뉴스Blockchain Centre Vilnius CEO가 패널로 참가했다.

이들은 모두 비트코인을 비롯한 가상화폐는 새로운 '암호자산'으로 새로운 규제로서 취급해야 한다고 주장했다. 첸 회장은 "베네수엘라나 짐바브웨 등 화폐가치가 불안정한 국가는 법정통화 발행을 남발하고 건전한 저축 자산을 착취하는 결과를 초래한다"며 "특히 비트코인은 새로운 자산으로서 탈중앙화된 수단의 힘을 보여줄 수 있다"고 말했다. 네메이크스티테 CEO도 "규제당국은 항상 가상화폐를 여러 유형으로 분류해왔고, 암호자산은 일종의 '하이브리드 자산'으로서 종래의 자산과는 다른 기준이 필요하다"며 "상대적으로 가치가 안정적인 비트코인이나 이더리움에 정부나 기관투자 역시 고려해볼 만하다"고 덧붙였다.

기술과 금융공학의 발달로 각종 헤징(위험회피) 기법들이 등장하면서 암호화폐 주요 투자자 집단이 개인투자자에서 기관투자자로 옮겨갈 수 있다는 전망도 나왔다.

박훈 대표는 "개인 간 거래 방식에 아직 전통 금융업 종사자들이 두려움을 갖고 있지만, 이럴수록 정부가 하나의 규제 프레임워크를 만들어준다면 불확실성을 크게 줄일 수 있을 것"이라고 말했다. 정부가 블록체인 기술혁신을 활성화하는 차원에서 금융 중개기관의 암호자산 시장참여를 유도하는 역할을 맡아야 한다는 주장이다. 박상곤 대표 역시 "포트폴리오 전략에 따라 고위험 고수익 자산을 찾는다면 암호자산이 이에 적합할 것"이라며 "정부가 합리적 규제안을 내놓는다면 국내 주요 거래소로서 규제당국과 양질의 규제 정착을 위해 협력하겠다"고 밝혔다.

암호자산의 기반을 구성하는 블록체인 기술은 과거 인터넷 기술처럼 사회적 변화를 주도할 것으로 기대된다. 세계지식포럼을 찾은 블록체인 기업 가운데 거래를 위해 발생하는 비용을 0원에 가깝게 줄이고, 아프리카에서 생산한 커피가 미국에서 소비되기까지 모든 과정을 블록체인으로 알려주는 기업도 등장했다.

벡스트360Bext360은 다니엘 존스 대표가 2016년 창업한 회사다. '농장에서 식탁까지' 제품의 유통 경로를 따라가고 모든 정보를 생산자와 소비자에게 공유하는 것을 목표로 세웠다.

벡스트360이 집중하고 있는 분야는 커피 원두 유통이다. 우선 벡스트360은 인공지능을 활용해 커피 원두 질을 평가하는 시스템을 갖췄다. 커피 원두의 이미지가 모여 빅데이터를 만들고, 이를 기반으로 머신 비전Machine Vision 기술을 갈고닦았다. 머신 비전은 카메라 등 기계 장치를 통해 제품의 품질을 평가하는 기술을 지칭한다. 이렇게 머신 비전을 통해 커피 원두의 질을 평가하면, 그다음 과정에는 블록체인이 결합한다. 전 세계의 제품 유통 과정을 밟기에 적합한 플랫폼인 암호화폐 '스텔라Stellar'를 활용했다.

이렇게 유통 과정을 공유하는 이유는 무엇일까. 다니엘 존스 벡스트360 CEO는 "소비자와 생산자 모두 자신의 소비, 생산이 어떤 영향을 주는지 알고 싶어 한다"며 "예를 들어 유기농 원두인지, 어떤 환경에서 자란 커피 원두인지를 생산자와 유통사업자, 소비자가 공유하는 것"이라고 설명한다.

벡스트360은 아프리카 커피 농가의 소득을 올려주는 데에도 관심이 많다. 다니엘 존스가 "제품의 품질 개선과 소득 증가 사이에는 인과관계가 있다"며 "제품 품질과 유통 경로에 관한 정보를 제공해 농가소득 증대에 기여하는 것도 우리의 중요한 일"이라고 말하는 이유다.

애프터 비트코인,
실생활에 점점 활용되는 블록체인

나카지마 마사시 레이타쿠대학교 교수 외

나카지마 교수는 교직에 서기 전 일본중앙은행BOJ에서 오랜 기간 일하며 다양한 부서를 이끌었고 국제결제은행BIS에서 2년간 근무했다. 산드라 로는 글로벌블록체인비즈니스협의회의 최고경영자다. 그는 블록체인 기술이 사회 발전에 기여할 수 있도록 관련 교육을 장려하고 기업 및 정부 단체, 스타트업의 소통을 돕는 가교 역할을 한다. 로 CEO는 기술을 활용해 미래 금융시장의 기반을 다져온 경험을 살려 핀테크 사업가, 해커톤 심사위원, 암호화폐 투자 및 관련 자문을 맡은 바 있다. EEA, PTDL그룹, 리눅스재단 하이퍼레저Hyperledger 등 여러 단체를 이끌며 2016년 핀테크 분야의 영향력 있는 여성에 선정되었다. 산드라 로는 시카고상품거래소CME의 디지털 전략과 해외거래 및 제품 개발을 총괄했다. 이전에는 모건스탠리에서 EMEA 지역의 합병과 거래를 담당했고 도이치은행 해외 거래소에서 근무한 바 있다. 산드라 로는 예일대학교에서 사학과 환경학 학사 학위를 취득했고, 런던경영대학원에서 회계학 MBA를 수료했다.

"블록체인은 금융에 이어 에너지, 식품, 의료·보건, 부동산 등으로 그 영역을 급속히 확대해나갈 것이다."

암호화폐 가격 하락, 거래소 해킹 등 최근 터져나온 악재들로 암호화폐 시장에 대한 회의론이 불거지는 것과 달리 블록체인의 미래를 긍정적으로 평가하는 전망이 잇따랐다. 세계지식포럼 '실생활에 활용되는 블록체인' 세션에서 산드라 로Sandra Ro 글로벌블록체인비즈니스협의회GBBC 최고경영자는 "4~5년 전에는 금융 분야에서 주로 적용되던 블록체인 기술이 이제 의료, 미디어, 물류 등 수많은 산업과 공공 분야까지 확산되고 있다"며 "내년에도 이런 트렌드는 지속될 것"이라고 밝혔다.

특히 최근에는 에너지, 식품, 의료·보건, 부동산 등이 블록체인 연관 산업으로 부상하고 있다. 로 최고경영자는 "한때 유행했다가 시들해진 탄소거래제가 블록체인을 통해 다시 주목받고 있다"며 "탄소크레딧 거래와 이를 위한 지불결제 시스템을 블록체인 플랫폼에서 구현하면 효율적인 탄소거래가 가능하다"고 설명했다. 그는 "남는 전력을 전력이 부족한 다른 사람에게 판매하는 개인 간 거래로 에너지 효율을 더 높일 수 있다"고 덧붙였다. 이를 통해 탄소배출권 거래 시장이 다시 활성화될 수 있다는 것이다.

그는 "의료·제약 분야에서도 가령 사물인터넷 기술 등과 결합해 배송 중인 백신의 적정 온도를 체크하고 의료 빅데이터를 관리하는 등의 작업이 가능해진다"고 말했다. 더 나아가 공중보건 관리 분야에 적용돼 인공지능 등의 기술과 결합하면 막대한 데이터를 통해 공중보건 정책을 수립하는 데 크게 기여할 수 있다. 의약품 거래에도 블록체인 기술이 적용되면 가격 투명성을 높일 수 있다. 부동산 분야도 블록체인 수혜업종이다. 그는 "부동산 매매 계약 시 블록체인을 통해 곧바로 전산상에 소유권 이전이 완료돼 별도로 서류를 작성해 관공서에 제출할 필요가 없어진다"며 "영국에선 아직도 각종 등기 서류를 종이 형태로 보관하는데 이런 낡은 시스템이 일거에 개선될 것"이라고 설명했다.

금융산업은 더욱 고도화된 블록체인으로 업그레이드될 전망이다. 로 최고경영자는 블록체인 기술을 도입할 예정인 호주증권거래소를 예로 들었다. 그는 "블록체인 시스템에 기반해 현재 정산·결제 시스템을 모두 대체하게 될 것"이라며 "세계 최초로 블록체인 증권거래소가 탄생하는 것"이라고 설명했다. 그는 "세계은행도 블록체인 기반 채권을 발행하기로 했다"며 "이처럼 금융 분야에서 실제 적용 사례들이 나타나고 있고 몇 년 후에는 더 많은 관련 상품이 나올 것"이라고 전망했다.

식량 분야에서는 블록체인이 고질적인 중간 유통업체의 수익 가로채기를 막을 수 있다고 주장했다. 로 최고경영자는 "블록체인을 통해 생산자에게 정당한 수익이 돌아가게 될 것"이라며 "농산물 유통의 전 과정을 추적해 농민에게 돌아갈 수익이 허투루 쓰이지 않도록 할 것"이라고 말했다.

로 최고경영자는 블록체인 분야에서 좀 더 적극적인 한국의 역할을 주문했다. 그는 "전 세계에서 1인당 정보기술 보급률이 가장 높은 나라가 한국"이라며 "한국이 보유한 막강한 잠재력에 비해 블록체인 분야에선 아직 부족하기 때문에 지금보다 더 큰 역할이 기대된다"고 말했다.

나카지마 마사시Masashi Nakajima 레이타쿠대학교 교수는 '애프터 비트코인' 세션에서 "비트코인 이후에는 각국 중앙은행의 디지털 화폐 발행이 확산될 것"이라며 "앞으로 10년이 지나면 달러, 유로 등과 같이 디지털 화폐도 일상화될 것"이라고 주장했다. 저서《애프터 비트코인》으로도 유명한 나카지마 교수는 "현재 블록체인 기술이 발달하고 있기 때문에 기술적 장벽은 없다"며 "어느 나라 중앙은행이든 디지털 화폐를 발행할 수 있게 될 것"이라고 말했다. 이어 그는 "새로운 기술이 발달하면 새롭게 화폐를 만들어온 게 우리의 역사"라며 "지폐에서 디지털 화폐로 변화하는 것은 필연적 결과"라고 설명했다.

블록체인은 어떻게 주식거래소를 위협하는가

카이디 루살렙 펀더빔 CEO

카이디 루살렙은 펀너빔의 창업자이자 최고경영자다. 펀더빔은 블록체인 기반의 글로벌 주식거래 스타트업이다. 블록체인 기술을 이용해 스타트업들이 투자자들로부터 즉각적으로 자금을 모집할 수 있는 플랫폼을 제공한다. 손정의 소프트뱅크 회장의 친동생 타이조 손Taizo Son으로부터 200만 유로를 투자받아 화제가 되기도 했다. 카이디 루살렙은 현재 유럽연합 집행위원회 산하 유럽 스타트업 자문위원회Startup Europe Advisory Board 위원으로 활동 중이다. 그녀는 한때 에스토니아 정부의 IT 변호사로 활동한 바 있으며 2000년 에스토니아 전자서명법Estonian Digital Signatures Act of 2000 제정에 기여했다.

"자본들은 전 세계로 옮겨 다니고 있다. 전통적인 증권거래와 주식시장에 대한 생각도 바뀌어야 한다."

펀더빔Funderbeam의 CEO 카이디 루살렙Kaidi Ruusalepp은 2018년 10월 11일 서울 신라호텔에서 열린 세계지식포럼 강연에서 이와 같이 말했다. 그는 "새로운 흐름의 자금 조달이 주식시장의 개념을 바꾸고 있다. 이러한 시점에 블록체인의 잠재성을 발견하고 활용하는 것이 중요하다"며 앞으로 주식시장에서 가져야 할 경쟁력에 대한 본인의 생각을 밝혔다.

펀더빔은 기존 주식시장의 복잡한 거래 절차를 블록체인 기술을 활용해 대폭 단순화한 스타트업이다. 과거 전통적인 주식거래는 은행, 브로커(증권회사), 중앙거래소, 결제기관과 같이 여러 중개자를 거쳐 이뤄졌다. 여러 차례 거래를 검증하고 기록하는 절차를 거치며 자금에 신뢰를 제공하는 과정은 길어질 수밖에 없었다. 해당 지역 내에서만 거래가 가능하고 나라마다 시차를 고려해 투자해야 한다는 한계점도 존재했다. 펀더빔은 보안이 철저하고 신뢰를 제공할 수 있는 블록체인이라는 신기술을 주식거래에 접목시켰다. 해당 기술이 국경과 기업 간 경계를 초월하며 신뢰가 필요한 모든 자산거래에 적용 가능하다는 점에 주목한 것이다. 그의 회사는 기업들이 투자자금 유치를 위해 기업공개IPO를 선택하는 대신 가상화폐공개ICO를 통해 자금을 모집할 수 있도록 돕는다. 현재 펀더빔은 전 세계 15만 개가 넘는 스타트업 및 신생기업에 대해 조사·분석한 데이터를 가지고 자금유치와 주식거래를 돕는 플랫폼으로 자리 잡고 있다.

루살렙 CEO는 과거 주식거래에서 탈피해 신기술을 이용한 새로운 형태의 주식거래소가 필요한 이유를 세 가지로 나눠 설명했다. 비용, 접근성, 규제가 그것이다. 먼저 그는 기업 입장에서 주요 고민 중 하나인 상장비용에 대해 "이제 막 창업을 한 신생기업일수록 주식시장에 진입하기엔 상장비용과 공시, 보고 의무 등의 부담이 있다"면서 "블록체인을 통해 ICO를 하게 되면 저렴하게 자본에 접근할 수 있고 비용을 크게 절감할 수 있기 때문에 유리하다"고 강조했다.

그는 두 번째로 주식시장에 대한 접근성의 문제, 즉 지역 내에 갇혀 있던 기존 거래의 문제점을 언급했다. 루살렙 CEO는 "전 세계의 많은 사람이 여행을 하고 이동하며 살고 있지만 그와 동시에 외국 주식시장에 투자하기란 어렵다"며 "지역 차원에서 제공되는 전통적인 거래 서비스가 아닌 기술을 이용한 글로벌 규모의 자금 조달이 이뤄져야 한다"고 말했다. 그는 "펀더빔은 보유한 기술과 데이터를 통해 투자기회를 1년 365일 24시간 제공하고 있다"며 "투자자는 물론이고 기업의 입장에서도 이득이다. 특정 국가뿐만 아니라 전 세계에서 자금을 조달받을 수 있기 때문"이라고 설명했다.

그러면서 루살렙 CEO는 펀더빔을 설립하게 된 마지막 이유로 전통 주식시장에 존재하는 규제의 벽을 언급했다. 그는 "100여 년이 넘는 시간 동안 주식시장은 너무나 많은 규제를 받아왔다. 좋은 의도로 마련된 규제들이지만 투자자들에겐 복잡하고 높은 장벽으로 다가왔던 것이 사실"이라며 "펀더빔은 자금을 조달한다는 점에선 기존의 IPO와 동일한 목표를 가지고 있지만 '어떻게 하면 좀 더 날렵하고 효율적인 자금 조달이 가능한가'에 대한 고민 또한 중요하게 생각하고 있다"고 밝혔다.

이러한 세 가지 관점에서 봤을 때 블록체인은 자금 모집과 투자 과정을 투명하게 증명하고 신뢰를 제공하는 기술이다. 해당 기술을 거래에 활용하게 되면 투자 과정, 원장 기록과 같은 증명 작업이 단순해질 뿐만 아니라 나라와 나라, 규제 간의 경계선을 뛰어넘은 거래가 가능하다. 엄격한 인증 과정을 거치고 철저한 보안이 제공되기 때문에 신뢰가 필요한 모든 업무에 활용될 수 있다. 우리에게 익숙했던 증권, 화폐 등 형태뿐 아니라 미래의 권리, 프로토콜 등 발행자가 정의하는 다양한 형태로 가치를 매기는 것도 가능하다. 루살렙 CEO는 "블록체인에 대해 우리가 확실히 알아야 하는 한계점과 해결해야 할 부분들이 있지만 자산거래와 같은 특정 부분과 관련해 충분히 활용 가능한 수준"이라고 강조했다.

의료 생태계 새판 짜는 블록체인

압둘라 알베야티 메디컬체인 CEO

압둘라 알베야티는 영국 기업 메디컬체인의 CEO이자 '의료기록 분산저장' 기능을 내세운 '메디컬체인'이란 암호화폐를 개발한 전문가다. 그가 이끄는 메디컬체인은 블록체인 기술을 이용해 환자가 자신의 의료기록을 안전하게 보관하면서 동시에 언제든 직접 열람하고 사용할 수 있는 플랫폼을 제공한다.

"블록체인 기술은 환자가 당연히 가져야 했던 자신의 의료정보 접근에 대한 권리를 돌려줄 것입니다."

제19회 세계지식포럼에 참석차 내한한 압둘라 알베야티Abdullah Albeyatti 메디컬체인 공동창립자 및 최고경영자CEO는 블록체인 기술을 바탕으로 한 국경 없는 의료체계를 구축할 것이라고 밝혔다. 그는 "환자는 자신의 다양한 의료정보에 쉽게 접근할 수 있어야 한다"며 "정보에 대한 접근이 어려우면 의사의 말을 그대로 믿을 수밖에 없어 질병 치료에 대한 더 많은 기회를 놓치게 된다"고 말했다.

알베야티 CEO는 의사로 일하면서 자신의 경험을 바탕으로 메디컬체인을 설립했다고 설명했다. 그는 "응급실에 환자가 들어왔는데 혈액형, 지병 등 환자의 의료정보를 알 수 없는 경우가 많아 약물 처방이 어려운 경우가 자주 발생했다"며 "의료기록에 대한 접근성을 높이기 위해 블록체인 사업을 시작했다"고 밝혔다.

알베야티 CEO는 환자와 의사는 물론 제약사와 보험사를 비롯한 다양한 이해관계자들이 서로 주고받으며 읽기 편리한 통합 소프트웨어를 개발했다. 현재 이 프로그램은 영국 내 3개 병원에서 사용 중이며, 5개 병원에서 추가 도입을 준비하고 있다.

메디컬체인은 궁극적으로 환자의 모든 정보를 담고 있는 진료기록을 개발하고 있다. 메디컬체인상에서는 의료 데이터가 새롭게 생성될 때마다 이를 인증해주는 디지털 시그니처도 동시에 생성된다. 처음 생성된 데이터는 암호화되어 환자 고유의 식별번호와 연결된 클라우드 저장소로 전송된다.

블록체인상에 새로운 정보가 추가되거나 제3자가 데이터 접속을 요구하면 환자에게 통보된다. 손쉽게 모바일 기기 혹은 인터넷으로 모든 정보를 실시간 확인하고 제3자와의 데이터 공유시간을 직접 설정, 관리할 수 있다.

또한 텔레메디슨Telemedicine이라는 플랫폼을 이용하여 환자는 본인의 의료기록을 직접 전문의와 공유해서 진료를 받고 다른 의사에게 재진 상담을 의뢰할 수도 있다. 이 모든 것이 높은 보안성을 유지한 블록체인상에서 이루어진다.

알베야티 CEO는 "블록체인 기술은 의료기록을 본래의 주인인 환자가 직접 제어하도록 한다"며 "환자에게 많은 권한을 부여함으로써 병원은 보다 질 좋은 서비스를 제공할 수 있을 것"이라고 강조했다.

그는 현 의료 시스템의 문제점에 대해 언급했다. 의료기관이 여기저기 흩어져 있는 개인의 의료정보를 공유하지 않아 응급 상황에서 제대로 대처하지 못한다는 것이다.

알베야티 CEO는 "치료 도중 병원을 바꾸면 진료를 처음부터 다시 시작해야 한다"며 "의료사고 위험 증가나 개인 의료정보에 대한 해킹 사고 등 불미스러운 일도 늘고 있어 환자와 의료진 사이의 신뢰가 허물어지고 있다"고 지적했다.

환자와 의료진의 관계가 수직적이라는 점도 그가 꼽은 문제점이다. 그는 "환자는 의료진에게 처방이나 치료법을 일방적으로 전달받는다"며 "심지어 충분한 정보를 제공하지도 않는다"고 비판했다.

알베야티 CEO는 블록체인이 이 같은 문제들을 해결할 수 있다고 강조했다. 블록체인에 올라간 환자의 데이터는 검증이 가능하고 제 3자의 개입 없이 암호화돼 있기 때문에 해킹 위험이 낮다. 또 탈분산화 돼 있어 한 번의 해킹으로 모든 것이 유출될 걱정을 하지 않아도 된다.

그는 "블록체인에 환자의 의료기록을 넣으면 안전하게 보관하고 언제든지 확인할 수 있다"며 "아무도 조작할 수 없기 때문에 신뢰도와 투명성이 보장된다. 보안성도 높다"고 설명했다. 이어 "환자의 의료기록을 넣은 서버가 해킹을 당해도 다른 노드에 있는 데이터와의 비교를 통해 원래 데이터를 유지할 수 있다"고 덧붙였다.

그는 "예를 들어 스마트 워치나 폰, 팔찌 등에 블록체인으로 의료정보를 심어놓으면 환자가 위급할 때 쉽게 의료기록에 접근할 수 있다"며 "응급환자 외에도 치매 환자나 장기이식과 같은 다양한 분야에 블록체인 기술을 활용할 수 있을 것"이라고 말했다.

메디컬체인은 의료기록의 생성과 관리에 혁신적인 변화를 몰고 올 것으로 기대된다. 메디컬체인을 이용하면 의사가 직접 환자의 진료기록을 블록체인상에 업로드할 수 있고 보험회사는 해당 정보에 바로 접근할 수 있게 된다. 이러한 과정을 통해 엄청난 시간을 절약할 수 있고 정보를 전달하는 과정에서 발생할 수 있었던 오류도 최소화할 수 있게 될 것이다.

메디컬체인의 토큰 발표는 2018년 2월에 진행됐다. 스위스에 본사를 두고 현지 법규를 준수하며 진행됐다. 회계법인 KPMG의 자문을 받아 토큰 발표 전까지 FINMA(스위스 금융감독 당국 인증)를 획득했다.

알베야티 CEO는 "ICO는 육체적으로 매우 힘든 과정이었지만 순조롭게 진행됐다"면서 "무리해서 더 많은 자금을 유치할 수도 있었지만 시스템 개발에 필요한 만큼의 자금만 유치했다"고 설명했다.

마지막으로 그는 "의사와 사업가로서의 밸런스를 잘 조율하면서 의료 시스템 개혁에 도움을 주고 싶다"며 "헬스케어 업계의 '구글'과 같은 강력한 플랫폼으로 성장하는 것이 목표"라고 포부를 밝혔다.

실시간 글로벌 송금 가능한 세상

안토니 루이스 R3 연구소장 외

안토니 루이스 소장은 글로벌 은행들이 블록체인 기술을 활용을 활용할 수 있도록 돕는 역할을 한다. 과거 바클레이스 캐피털 외환딜러, 크레디트스위스 IT 전문가로 근무한 바 있다. 이후 비트코인 업계로 진출해 싱가포르 최초의 비트코인 거래소인 잇빗itBit을 설립했고, 로펌과 투자은행, 4대 컨설팅사에 관련 자문을 제공하고 있다. 루이스 소장은 비트코인과 블록체인에 관련한 블로그를 운영한다. 그의 저서 《비트코인과 블록체인 기초The Basics of Bitcoins and Blockchains》는 암호화폐, 가상화폐공개, 사업용 블록체인에 대해 알고자 하는 사람들을 위한 필독서로 알려져 있다. 양 둥 교수는 중국 런민대학교의 핀테크 및 인터넷 보안 연구센터 소장, 중국인민은행 핀테크 전문가 협회 부대표로 재임 중이다. 스콧 갈리트 페이오니아 대표는 마스터카드 선불 사업부 본부장을 역임하다 2010년 페이오니아 CEO로 합류했다.

블록체인 기술이 본격 적용되는 첫 분야는 은행 간 송금영역이 될 전망이다. 규모가 10조 원 이상인 해외 송금시장에서 우위를 점하기 위해 은행들이 분산화된 장부기술인 블록체인에 관심을 기울이고 있기 때문이다. 지금은 해외로 송금할 때 국제은행 간 통신협회인 '스위프트SWIFT'의 중개를 거쳐 자금이 이동한다. 사용자, 국내은행, 해외은행 등 여러 기관을 거치기 때문에 시간이 많이 걸리고 수수료도 많이 발생한다.

안토니 루이스Antony Lewis R3 연구소장은 세계지식포럼 현장에서 "토큰화가 금융의 미래"라고 단언했다. 그는 "블록체인 도입으로 크로스보더 페이먼트(국제송금)에서 전 세계 은행권이 연간 50조~60조 원의 이익을 보게 될 것"이라고 말했다.

암호화폐를 통한 해외송금이 시작되면 은행끼리 디지털로 연동돼 자금을 직거래하는 은행 대 은행B2B 방식으로 서로 연결된다. 따라서 자금이체가 실시간으로 이뤄진다. 루이스 소장은 "은행들이 줄어든 송금 수수료의 얼마만큼을 소비자들에게 돌려주기로 결정할지는 확실하지 않지만 최소 지금보다 수수료가 30% 이상 저렴해질 것으로 예상한다"고 말했다.

세계지식포럼 현장에는 또 다른 국경 없는 송금 핀테크 혁신도 소개됐다. 글로벌 전자상거래를 위한 통합 결제 서비스 기업 페이오니아는 '국경 없는 거래Cross-border transaction'를 표방하며 기업과 각 분야 전문 프리랜서, 온라인 셀러에게 빠르고 안전한 송금과 대금 수령 서비스를 제공한다. 세계 200개 이상 국가에서 400만 명이 넘게 사용한다. 2005년 설립된 후 지금은 기업가치 10억 달러(약 1조 1,300억 원)에 달하는 유니콘 기업이다. 페이오니아는 거래, 정산, 주문, 결산과 관련된 응용 프로그램 인터페이스API를 제공하고, 이를 고객사 전사자원관리 ERP에 접목시켜 사용하도록 한다. 기업 규모는 작지만 세계 결제시장 흐름을 바꿀 것으로 판단했기 때문이다. 경제대국이든, 신흥국이든 동서양 상관없이 동일한 페이오니아 플랫폼으로 자유롭게 거래할 수 있다. 스콧 갈리트Scot Galit 대표는 "글로벌 사업을 하려는 한국 소상공인·중소기업에 필요한 종합 솔루션을 제공하는 성장 조력자가 되겠다"고 밝혔다.

중국도 적극적으로 블록체인 플랫폼 구축에 나서고 있다. 세계지식포럼 참석차 방한한 양 둥Yang Dong 교수는 〈매일경제〉와의 인터뷰에서 블록체인 기술을 통해 금융 등 기존 산업이 발전하려면 제도적 환경 정비가 선행돼야 한다고 강조했다.

"중국에서 블록체인 기술개발이 쾌속질주하는 것은 정부의 관리감독과 든든한 지원 덕분이다. 블록체인이라는 신기술을 전통적 영역에 적용하려면 충돌하는 부분이 있을 수밖에 없다. 이를 해결하기 위해서는 제도 개선이 선행돼야 한다. 업계가 신기술을 받아들일 수 있도록 정부가 나서 발판을 닦아야 한다."

그는 특히 "블록체인의 금융업 적용은 리스크가 높은 작업인 만큼 관련 법안 정비가 꼭 필요하다"며 "환경 변화에 발맞춰 적합한 법안을 마련하고, 그 바탕 위에서 정책을 수립한 뒤 기술 적용이 본격적으로 이뤄지는 수순으로 진행돼야 예상치 못한 부작용을 방지할 수 있다"고 설명했다. 신기술이 중요도 높은 기존 산업과 성공적으로 결합하기 위해서는 정부가 장기적인 시각을 갖고 선도적으로 기반을 마련할 필요가 있다는 것이다.

양 교수는 2017년 중국에서 암호화폐공개ICO가 폭발적으로 증가한 것을 두고 "2015~2016년 중국 중앙정부와 지방정부 주도로 ICO 관련 정책 정비가 선행됐기 때문에 가능했던 일"이라고 설명했다.

양 교수는 중국이 사활을 걸고 추진하고 있는 일대일로 사업에 블록체인 시스템을 도입하는 시도도 이뤄지고 있다고 전했다. 그는 "일대일로의 일대, 일로가 겹치는 지역은 중국 광시좡족 자치구"라며 "일대일로의 거점 중 하나로 볼 수 있는 이곳에서 블록체인 관련 연구를 활발히 진행하고 있다"고 전했다.

4차 산업혁명의 원유로 불리는 빅데이터의 중요성도 크게 강조했다. 그는 "빅데이터는 현대사회의 석유"라며 "4차 산업혁명 시대에서는 자본보다 중요한 것이 데이터"라고 강조했다. 개별 소비자를 겨냥한 금융상품을 개발하는 데 빅데이터가 기반이 되기 때문이다. 그는 "알리바바의 창업자 마윈이 세계 최고 부자가 된 것은 알리바바 계열사 중에서도 마이진푸(앤트 파이낸셜)의 공이 크다"며 "마이진푸는 일반 소비자의 데이터 하나하나를 취합해 빅데이터로 키운 뒤 사업에 활용해 대성을 거둔 것"이라고 전했다. 마이진푸는 중국 최대 전자상거래 기업 알리바바의 금융자회사로, 모바일 결제 서비스를 제공한다.

5

원 아시아
글로벌 리더십 공백에 대응하다

중국 최대 온라인 여행사 씨트립의 디지털 혁신

쑨제 씨트립 최고경영자

쑨제는 중국 최대 규모 온라인 관광 서비스 기업인 씨트립의 최고경영자다. 2005년부터 2012년까지는 씨트립 최고재무책임자, 2012년엔 최고운영책임자, 2015년엔 부회장을 역임했다. 플로리다대학교 경영대학원에서 석사 과정을 우등으로 졸업한 후 베이징대학교 법학대학원에서 법학 석사를 취득했다. 미국 캘리포니아 주 소속 공인회계사이기도 하다. 2017년 〈포브스 차이나〉가 선정한 '가장 영향력 있는 50인'에, 2018년 〈포브스 아시아〉가 선정한 '신생 아시아 스타 여성 사업가 25인'에, 패스트 컴퍼니가 선정한 '가장 창의적인 사업가'에 선정됐다. 씨트립에 합류하기 전에는 KPMG(감사 책임자), 세계 최대 반도체 장비 공급업체인 어플라이드 머티어리얼즈Applied Materials 등에서 근무했다.

여행과 기술의 공통점을 찾자면 사람과 사람 사이를 연결해주는 역할을 한다는 것입니다. 여행이나 관광은 사람의 수요를 사람의 행동으로 드러나게 하는데 우리는 이런 수요를 인공지능으로 분석해 제공합니다. 우리는 이를 우리가 만든 ABCD 개념을 통해 가능하다고 생각합니다."

제19회 세계지식포럼 참석차 한국을 찾은 쑨제孫潔 씨트립Ctrip 최고경영자CEO는 '중국 최대 온라인 여행사 씨트립의 디지털 혁신' 세션에서 회사의 성공 비결로 ABCD라는 4개의 키워드를 제시했다. A는 AI(인공지능), B는 빅데이터, C는 클라우드 컴퓨팅, D는 데이터 분석이다. 그간 그는 "해외로 나갈 때 ABC가 매우 좋은 무기"라고 발언한 적은 있으나 데이터 분석이라는 키워드를 꺼내 든 것은 이번이 처음이다.

그가 데이터 분석의 중요성을 강조한 것은 씨트립이 3억 명에 달하는 등록 고객에 대한 데이터를 통해 성장한 기업이기 때문이다. 씨트립은 고객들의 성별, 연령, 취미, 종교 등 취향을 분석해 여행지뿐만 아니라 항공편, 숙소, 렌터카, 주변 놀거리, 식당 등을 30~40개씩 추천해주는 서비스를 제공해 급성장했다. 씨트립 회원들이 만들어내는 데이터는 하루 50테라바이트에 달하기에 가능한 것이다. 그는 "씨트립이 고객 데이터를 쌓아가는 과정에서 성장했다면 더 좋은 서비스를 제공하기 위해 데이터 분석이 필요해 'D'의 개념을 새롭게 제시하게 됐다"며 "데이터 분석을 통해 고객의 패턴을 파악하고 더 나은 서비스를 제공할 수 있다"고 설명했다.

실제 씨트립이 제공하는 서비스의 예를 살펴보면 왜 데이터 분석이 필요한지 알 수 있다. 그는 "씨트립을 통해 영국 런던 출장을 예약한 고객이 있을 때 그의 지난 여행 과정을 고려해 여러 가지를 추천할 수 있다"며 "비즈니스석을 타는 그에게 5성급인 포시즌스 호텔을 추천하고, 히드로 공항에 내렸을때부터 호텔까지 이동거리를 계산해 리무진 비용까지 제시한다. 이후에는 호텔 인근 미쉐린 스타를 받은 레스토랑을 추천할 수 있다"고 말했다.

이 같은 획기적인 추천 서비스 덕에 씨트립은 비약적인 성과를 거뒀다. 1999년 시작 당시 조그만 여권 업무 대행업체에 불과했던 씨트립은 2017년 기준 매출 41억 달러(약 4조 5,000억 원)을 올렸다. 직원수만 해도 3만 7,000여 명에 달한다. 특히 2016년 11월에는 항공권 검색업체 '스카이스캐너'의 지분을 14억 파운드(약 2조 250억 원)어치 사들이며 세계 2위 규모의 회사로 급성장했다.

그는 회사의 성공 비결로 새로운 투자를 두려워하지 않아야 한다고 꼽았다. 그는 "투자에는 내부에서 사업을 키우는 방향과 외부 회사에 대한 투자가 있다"며 "우리는 내부 투자로 '베이비타이거'라는 시스템을 운영해 성공을 거두고 있다"고 설명했다. 그가 얘기하는 베이비타이거는 평균연령 25~26세로 매우 젊은 씨트립이 가진 강점을 최대한 발휘할 수 있는 일종의 사내 벤처다. 젊은 직원이 새로운 사업 모델을 제시하면 최소한의 검토를 통해 전격적인 투자를 감행한다. 그는 "한 젊은 직원이 버스 회사를 시작하고 싶다며 직원 6명과 200만 위안(약 3억 2,800만 원)을 요구한 적이 있다"며 "버스표 한 장당 300원 남짓하는데 그게 사업이 될까 의심했지만 믿고 투자를 감행했다"며 사례를 소개했다. 결국 그 회사는 해당 직원이 시작할 때 목표로 세웠던 '매일 1만 건 이상의 거래량'을 불과 한 달 만에 달성했으며 투자금의 15배에 이르는 매출을 올리는 성과를 보였다.

그는 경색된 한·중 여행에 대한 전망도 내놨다. 그는 "여행은 결국 사람들 사이에서 이뤄지는 일이라 차츰 풀어질 수밖에 없다고 생각한다"며 "지금은 한국 여행이 가장 활발했던 시기에 비해서는 다소 위축돼 있지만 곧 정상화될 수 있을 것"이라는 전망을 내놨다. 비록 조심스런 전망이긴 하지만 씨트립에서 한국 관련 상품이 모두 사라지는 것으로 '한국 여행 금지'라는 중국 정부의 조치를 가늠했던 상황을 감안하면 중국인의 한국 여행이 머지않아 활발해질 수 있음을 볼 수 있는 대목이다.

특히 그는 한·중 여행 사업 활성화를 예견하기라도 하듯이 최근 씨트립의 글로벌 브랜드인 '트립닷컴'의 최초 아시아 고객센터를 설립했다. 그는 "한국은 온라인 여행업계에서 가장 뜨거운 시장이고 가장 중요한 시장 중 하나"라며 "가장 빠르게 성장하고 있고 또 성장잠재력도 크다"고 말했다. 이어 "한국 직원들을 채용해서 365일 24시간 동안 80%의 고객이 20초 안에 고객센터 서비스를 제공받을 수 있는 시스템을 구축했다"고 밝혔다.

트립닷컴은 한국의 여행객이 해외로 나가는 것을 전제로 만든 서비스이지만, 향후 씨트립은 한국 내 여행상품도 개발할 예정이다. 그는 "한국의 서울과 제주도는 여행지로서 잠재력이 매우 높다"며 "베이비 타이거가 만들듯이 새로운 여행상품을 만들기 위해서는 많은 인구가 필수적인데 서울은 이런 조건을 갖춘 곳"이라고 설명했다. 제주도에 대해서는 "외국인 여행객을 대상으로 비자를 면제하도록 한 제주도의 조치는 매우 훌륭하다"며 "중국의 주요 관광지에서도 이런 조치를 할 수 있도록 하는 방안을 건의하고 있다"고 말했다.

그는 중국의 하이테크 기업 CEO 중 유일한 여성 CEO인 만큼 여성 인재 육성에 대한 견해도 밝혔다. 그는 "씨트립은 직원의 50% 이상이 여성이고, 중간관리자의 경우도 45% 이상이 여성"이라며 "중국의 한 자녀 정책이 폐지되고 여성의 육아부담이 커졌지만 씨트립은 임신한 직원에게 무료 택시를 제공, 출산한 직원에게 환영비와 교육비를 제공하는 등 여성인재 육성을 위해 힘쓰고 있다"고 밝혔다. 그는 "남성도 전략적 사고 등 측면에서 많은 장점을 갖고 있지만 여성 역시 특유의 장점을 발휘할 수 있다"며 "남성 중심의 사회에 익숙한 덕에 상대방의 입장에서 생각하는 능력을 갖추고 있으며 타고난 커뮤니케이션 능력 역시 장점으로 발휘될 수 있다"고 강조했다.

중국발 LCC 혁명, 중국 기업의 성공 DNA

왕정화 춘추그룹 회장 외

왕정화는 춘추그룹의 회장이자 상하이준추여행사와 춘추항공의 창업자다. 2평 남짓한 가옥에서 사업을 시작한 왕 회장은 상해춘추여행사를 13년 만에 1위 여행사로 만들었고, 2004년 출범한 중국 최초 민영 저가항공사는 오늘날 매출 1조가 넘는다. 양란은 중국의 대표 언론인이자 선 미디어그룹과 선 문화재단의 공동설립자 겸 대표다. 중국의 오프라 윈프리로 불리는 그는 장수 토크 프로그램인 〈양란 원온원〉을 제작 및 방송하며 전 세계 리더들과 900편 이상의 인터뷰를 진행했다. 정차오 노바엑스 문화개발그룹 회장은 융합 시대에 발맞춰 4세대 테마파크 개발에 앞장서고 있다. 장종탕은 중국 최대 차량공유 서비스인 유카에서 부회장으로 근무하고 있다.

중국 최대 저가항공사LCC인 춘추항공의 왕정화 회장은 제19회 세계지식포럼의 '중국발 LCC 혁명' 세션의 연사로 나서 '30년 후 세계 항공운송 시장 8대 추세'를 발표했다.

대표적으로 그는 30년 후에도 여전히 4,000킬로미터 내외의 중·단거리 비행은 중형 항공기가 주도할 것이라고 밝혔다. 그는 "항공기 및 기술 조건에 큰 발전이 없다는 전제하에 세계 민간항공은 여전히 4,000~5,000킬로미터 거리는 중형기 위주가 될 것"이라고 내다봤다. 소형 항공기는 여전히 발전 여지가 있다는 것이다.

왕 회장은 미래에는 대형 항공기업 5~6개가 형성될 것이라고 말했다. 그는 "최근 들어 특히 항공사 간 합병이 매우 많다"며 "자본이 묶여 있는 형태보다는 인수합병M&A을 통해 과점시장으로 갈 가능성이 높다"고 밝혔다.

그는 또 대륙 내 항로는 중소형 항공기를 갖춘 민간항공이 장악하게 될 것이라고 전망했다. 미주, 유럽, 러시아, 동북아시아, 중동 등 8개 권역 내부에서는 중소형 항공기가 대륙 내 항로를 장악하고, 대형 비행기가 이들 사이를 연결할 것이라는 예상이다. 그는 이 밖에도 6대 글로벌 항공그룹이 북미 2개, 유럽 2개, 아시아 2개로 재편될 것으로 예측하고 세계 항공기업은 민영회사가 주도할 것이라고 전망했다. 또 중·단거리 노선은 저비용 모델로, 장거리 노선은 서비스 모델 위주로 운영된다. 도시 도로를 달릴 수 있는 비행기가 시장을 점령하게 될 것이라는 예측도 내놨다.

그는 이번 포럼을 통해 무일푼 공무원이 세운 회사가 중국 최대 LCC로 거듭나게 된 비결도 소개했다. 춘추항공은 중국뿐 아니라 전 세계 LCC 업계를 선도한다고 볼 수 있는 기업이다. 여행사를 운영하던 왕 회장은 2003년 중국 항공사업 민간 개방이 본격화한 직후인 2004년 춘추항공을 설립했는데, 불과 14년 만에 연매출 200억 위안(약 3조 3,000억 원)에 고용 직원만 1만여 명에 달하는 기업이 됐다.

총 운송인원 역시 2005년 18만 명이던 승객이 2017년 1,717만 명으로 성장해 연평균 28%의 증가율을 보이면서 2018년 누적 운송인원 1억 명을 돌파했다. 특히 93%라는 경이로운 평균 탑승률은 13년 연속 전 세계 최고 수준이다. 세션의 좌장으로 나선 허희영 한국항공대학교 교수는 "한국의 LCC가 80% 초반의 탑승률을 유지하는 것을 감안하면 춘추항공이 굉장히 효율적으로 생산단가를 낮추고 있다고 생각한다"고 평가했다. 최근 춘추항공은 투자를 통해 LCC 업계 잠재력을 확인할 기회를 가졌다. 2018년 9월 27일 중국남방항공의 주식 1.63%를 8억 4,600만 위안(약 1,395억 5,000만 원)에 사들였는데 이튿날 남방항공의 주식이 폭등했기 때문이다.

왕 회장은 "우리 역시 이 같은 주가 상승은 예상하지 못했다"며 "시장이 춘추항공의 잠재력을 알아본 것"이라고 설명했다.

그는 자수성가의 대표답게 기업경영에 대한 자신의 철학을 명확하게 보여주기도 했다. 왕 회장은 특히 임직원의 주인의식을 강조했는데, "춘추그룹의 모든 임직원은 하루 13~15시간 연중무휴로 일하고 있으나 춘추에 밝은 미래를 위해 후회가 없다고 한다"며 "현재 함께 일한 지 30년 된 임직원 20여 명은 억만위안장자가 됐고, 20여 년 같이 일한 100여 명은 천만위안장자가 됐다"고 말했다.

왕정화 회장 이외에도 제19회 세계지식포럼에는 중국 내 유수의 기업가들이 중국 기업의 성공기를 풀어놨다. 특히 '중국 기업의 성공 DNA' 세션에 참석한 3명의 연사들은 각자가 속한 분야를 통해 중국의 산업이 어떻게 성장해왔고, 어떤 새로운 기회를 모색하고 있는지를 제시했다.

양란 양광미디어그룹 회장은 중국의 오프라 윈프리라는 별명답게 그가 지난 20년간 제작한 프로그램을 중심으로 중국 경제 발전의 역사를 설명했다. 그는 "과거 제작한 5개 프로그램이 집중했던 분야가 시대가 지날수록 변해왔다"며 "처음에는 서구 사회에서 배우는 것으로 시작했다. 여행을 통해 외부의 경험을 높여갔다"고 설명했다. 이어 "14억 명 인구 개인에 대한 집중을 통해 스스로 혁신을 찾아내려 했고, 과거의 모습을 통해 새로운 아이디어를 얻으려는 식으로 바뀌었다"고 덧붙였다.

이어 발표를 진행한 정차오 노바엑스NOVAEX 문화개발그룹 회장은 향후 산업의 미래가 '융합'에 있다고 내다봤다. 그는 "새로운 게임을 통해 캐릭터를 만든다 해도 그 캐릭터의 생명주기는 디즈니 캐릭터보다 낮다"며 "인터넷 게임과 제품을 오프라인에서 구현하는 방법을 고민하다가 '4세대 테마파크'라는 것을 개발하게 됐다"고 밝혔다. 노바엑스가 만든 4세대 테마파크에서는 이용자가 특정 공간에서 가상현실 안경을 끼면 증강현실을 통해 새로운 미션이 주어진다. 이용자는 주변에 있는 다른 이용자들과 결투를 할 수도 있고 쇼핑, 휴식 등도 즐길 수 있다.

장종탕 유카UCAR 부회장은 '효율성'을 중시했다. 그는 중국 내 최대 차량공유 서비스 기업인 유카를 대표해서 왔음에도 차량공유 서비스가 아닌 최근 회사가 시작한 커피전문점 사업을 예로 들었다. 유카가 2018년 1월 론칭한 브랜드 락킹커피는 9개월 만에 점포 1,200개의 브랜드로 급성장했다. 장 부회장은 "락킹커피는 효율성을 최고 장점으로 생각하는 브랜드"라며 "스타벅스에 비해 매장도 적고 직원 고용도 적지만 고객기반 애플리케이션을 개발해 서비스를 제공한다"고 설명했다. 락킹커피에서는 소비자가 미리 주문하기만 하면 시간에 맞춰 커피를 내놓는 것은 물론 배달도 해준다. 또한 빅데이터 정보를 통해 고객맞춤 디저트를 제안하고, 프로모션도 빅데이터를 통해 진행한다.

디지털 경제 이끄는 아시아 스타트업

응우옌 티 투이빈 비엣젯항공 부회장 외

소비코 주식회사는 금융과 항공, 부동산 및 숙박업, 재생에너지 사업을 아우르는 베트남의 유명 대기업이다. 현재 2만 명 이상의 직원이 근무하고 있으며, 베트남을 넘어 아시아 각지의 사업에 투자하고 있다. 이들은 베트남 최대 항공사이자 아·태 지역의 주요 저가항공사인 비엣젯항공의 설립자이기도 하다. 설립 이후 6년 만에 빠르게 성장한 비엣젯항공(응우옌 탄훙 회장)은 현재 총 62대의 에어버스 A320기와 321기를 보유하고 있으며, 100여 도시로 취항하는 400개의 국내·국제선 항공편을 보유하고 있다. 밍 마 그랩 사장은 그룹의 전략적 제휴 및 투자, 전반적인 회사 경영을 총괄한다. 12년간 금융투자업에 몸담으며 미국과 아시아에서 활동했다. 그랩으로 자리를 옮기기 전에는 일본 최고의 혁신기업 '소프트뱅크SoftBank Group Corp.'에서 해외투자를 담당했다. 소프트뱅크는 그랩의 주요 투자자이기도 한데, 밍마는 여기서 그랩을 비롯한 차량공유 업체나 전자상거래 업체 투자를 주도했다. 이에 앞서 말레이시아 자카르타 소재 앙코라캐피털Ancora Capital Management 대표였고, 2000년부터 2012년까지는 골드만삭스의 글로벌 사모펀드 부서에서 부사장까지 지냈다.

아시아 시장에 혁신을 일으키는 주인공은 중국뿐이 아니다. 베트남과 대만에서 폭발적으로 성장하고 있는 경제 주역들도 세계지식포럼 현장을 찾았다.

베트남 최초 민간항공사로 2011년 취항한 비엣젯항공Vietjet Air은 공격적인 마케팅 전략으로 4년 만에 국영 베트남항공을 제치고 시장 점유율 1위를 차지했다. 그래서 '골리앗을 꺾은 다윗'에 비유되기도 한다. 최근에는 항공기 100대를 한꺼번에 주문해 항공업계에서 화제가 되기도 했다. 응우옌 탄 흥Nguyen Thanh Hung 비엣젯항공 회장은 "한국 기업은 의사결정 속도가 빠르고 통 큰 투자를 하는데 비엣젯항공과 닮은 점이 많다"며 "이번 방한을 계기로 한국 기업과 협력하는 방안을 적극 모색하겠다"고 말했다.

비엣젯항공은 첫 취항 당시 탑승객이 베트남 전체 인구 1억 명 중 1%에도 미치지 못했다. 항공권을 사는 것 자체가 '사치'라는 인식이 만연할 때였다. 응우옌 티 투이빈Nguyen Thi Thuy Binh 비엣젯항공 부회장은 "최신 엔진을 탑재한 항공기에 적극 투자해 연비를 향상시키고 최대한 많은 승객을 태울 수 있도록 좌석 배치를 조정해 항공권 가격을 최대한 낮춘 것이 비결"이라고 소개했다.

비엣젯항공의 또 다른 무기는 독창성이다. 비엣젯항공은 기내에서 이벤트를 하는 것으로 유명하다. 생일파티와 프러포즈는 기본이고 결혼식도 연다. 심지어 비키니쇼를 선보인 적도 있다. 응우옌 티 투이빈 부회장은 "승객들에게 즐거움을 줄 수 있다면 규정과 절차에 다소 어긋나더라도 거절하지 않는 게 우리 원칙"이라고 강조했다. 엄격한 사회주의 국가로 알려진 베트남에서 엄두를 내기 힘들었던 시도다.

첨단기술 도입에도 적극적이다. 응우옌 티 투이빈 부회장은 "인공지능에 기반한 채팅로봇과 보험, 금융, 쇼핑 등 여행과 관련된 모든 상품을 구매할 수 있는 단일 플랫폼을 적극 검토하고 있다"고 말했다.

"그랩은 단순한 차량공유 서비스가 아닙니다. 모바일 결제, 음식배달, 헬스케어 등 소비자의 모든 일상을 아우르는 플랫폼이 되는 것이 그랩의 목표입니다."

'동남아의 우버'를 넘어 아시아 최대 O2O Online to Offline 플랫폼 기업을 꿈꾸는 그랩의 밍 마 Ming Maa 사장이 세계지식포럼 '잠자는 아세안을 깨우는 그랩' 세션에서 연사로 나서 "파트사들과 협업을 통한 사업 확장으로 차량공유 애플리케이션의 한계를 넘어 생활밀착형 플랫폼으로 진화할 것"이라고 밝혔다.

2012년 말레이시아에서 차량공유 서비스로 시작한 그랩은 현재 베트남, 미얀마 등 8개 국가, 225개 도시에서 1억 명이 이용 중인 '슈퍼 앱'이다. 최근에는 차량공유 외에도 모바일 결제 시스템 '그랩페이', 음식

주문·배달 서비스 '그랩푸드', 물류배달 서비스 '그랩익스프레스'를 출시하는 등 사업영역을 빠르게 확장하고 있다.

마 사장은 서비스 확장에 대해 "그랩이 정의한 '이동성'의 개념은 출퇴근과 같은 단순한 물리적 이동뿐 아니라 음식, 금융, 의료 등 소비자가 원하는 가치에 대한 접근성을 높여주는 '사회적 이동'의 개념에 가깝다"며 "소비자가 아침에 출근해 잠자리에 들 때까지 겪게 되는 모든 생활을 그랩 플랫폼에 담아내는 것이 우리의 목표"라고 설명했다.

마 사장은 골드만삭스, 소프트뱅크 등 글로벌 기업에서 재무·투자 전문가로 일하다 2013년 그랩에 합류했다. '재무통'답게 최근 우버의 동남아 사업을 인수한 딜을 포함해 굵직한 인수합병과 투자유치 건을 연이어 성사시켰다.

그랩은 마이크로소프트, 소프트뱅크, 현대차, 네이버 등에서 총 20억 달러(약 2조 3,000억 원)의 투자를 유치했다. 아직 기업공개 전이지만 현재 기업가치는 무려 6조 원을 넘어섰다는 평가다.

마 사장은 그랩의 성공 비결이 글로벌 파트너 기업들과의 활발한 협업에 있다고 밝혔다. 그는 "나라마다 고유의 정치·종교·문화적 관습이 있기 때문에 그랩이 모든 서비스를 직접 제공하는 것은 사실상 불가능하다"며 "예를 들어 같은 교통 서비스라 해도 싱가포르에서는 자동차, 자카르타에서는 오토바이, 마닐라에서는 셔틀버스가 주력이 된다"고 설명했다. 이어 그는 "앞으로도 각국 최고 스타트업들과 제휴를 통해 지역밀착형 서비스를 제공하는 전략을 펼칠 것"이라고 강조했다.

마 사장은 "그랩의 가장 큰 경쟁력은 동남아시아 지역 전반을 아우르는 1억 명의 사용자와 700만 명의 운전자라는 강력한 인적 네트워크"라며 "파트너사들 또한 그랩의 오픈 플랫폼을 활용해 그랩의 장점을 십분 활용한 다양한 서비스를 만들어낼 수 있을 것"이라고 덧붙였다.

최근 집중하고 있는 헬스케어 사업에 대해서도 소개했다. 그랩은 중국 핑안보험과 합작한 헬스케어 서비스 '핑안 굿닥터'를 2019년 초 동남아에 출시할 계획이다. 그는 "인도네시아는 환자 5,000명당 의사가 1명에 불과할 정도로 의료 환경이 열악하다"며 "앱을 통해 병원을 가지 않아도 원격의료를 통해 처방전이나 약품을 배달받을 수 있는 시스템을 준비 중"이라고 밝혔다.

이달 초 투자를 유치한 MS와도 차량공유 서비스의 품질 향상을 위한 다양한 서비스를 개발할 계획이다. 마 사장은 "예를 들어 승객과 사용자가 서로를 모바일에서 확인할 수 있는 '안면인식' 기술이나 관광객과 운전자의 의사소통을 돕는 '인공지능 통역' 기술을 함께 개발할 예정"이라고 설명했다.

마 사장은 그랩이 이처럼 일상생활을 아우르는 O2O 앱으로 진화할 수 있던 배경으로 차량공유·음식배달 서비스 등을 제공하며 쌓인 빅데이터가 중요한 역할을 했다고 강조했다. 마 사장은 "올해 승차 서비스 이용 횟수가 20억 건을 돌파했다"며 "소비자의 신상, 이동 경로, 소비패턴 등을 활용해 다른 서비스를 만드는 것은 물론 데이터를 정부기관에 제공해 더 나은 도시 계획을 세우는 공공적인 목적에도 기여하고 있다"고 설명했다.

당초 사회적 기업으로 출발했던 그랩은 지금도 수익 창출 못지않게 아시아 지역 소비자들의 고충을 해결하기 위해 고민하고 있다. 마 사장은 "일반적인 기업들이 먼저 수익을 낸 다음 사회에 기여하는 것과 반대로 그랩은 사회문제를 해결하는 과정에서 자연스럽게 수익이 창출되는 구조"라며 "현재 그랩이 소셜 기능이 강조된 O2O 앱으로 진화하는 것도 금융 인프라스트럭처 부재, 일자리 창출 같은 동남아 소비자들의 고충을 해결해나가는 과정으로 이해하면 된다"고 말했다.

중국의 신유통혁명: 편의점

테일러 샤오 시안라이프 창업자

네일러 샤오는 2014년 시안라이프를 설립했다. 현재 그는 시안라이프의 최고경영자로 경영을 총괄하고 있다. 시안라이프는 전자상거래 사업으로 시작해 2016년 편의점 업계로 진출했다. 샤오 창업자는 10여 년간 유명 국제 투자은행에서 일하며 회계, 인수합병, 특허 관련 경력을 쌓았다. 시안라이프 설립 전 JP모건체이스 투자은행의 수석 부회장을 맡았다. 중국 칭화대학교 상경대학을 졸업했다.

"사랑愛은 중국어로 '아이'라고 발음합니다. 인공지능과 같습니다. 하지만 공통점은 또 있습니다. 가장 필요한 것을 준다는 것입니다."

타일러 샤오Tyler Xiao 시안라이프Xianlife 창업자는 서울 신라호텔에서 열린 제19회 세계지식포럼의 '중국의 신유통혁명: 편의점' 세션에서 인공지능을 사랑에 비유했다.

무작정 주기만 하는 것은 사랑이 아니라 강요에 가깝다. 상대의 마음을 얻을 수 없다. 상품도 마찬가지다. 소비자가 무엇을 원하고 필요로 하는지 모르고 그저 상품을 진열해놓는 것만으로는 매출이 늘지 않는다. 샤오 창업자는 "맞춤형 상품을 제공해야 한다"며 "편의점에도 인공지능을 접목시켜야 한다"고 강조했다.

시안라이프는 최근 중국 유통산업에서 가장 주목받는 기업 중 하나다. 2014년 국경 간cross border 전자상거래 기업으로 출발했지만 2017년 중국 기업 이궈Yiguo, 그린타운 서비스와 함께 베이징학교 최대 편의점 브랜드 '하오린쥐'를 인수했다. 현재 베이징과 항저우 등 중국 내 5,000여 곳의 편의점에 인공지능 등 첨단기술을 접목시켜 네트워크를 구축했다. 성장 가능성을 인정받아 독일 베르텔스만아시아투자펀드 BAI와 중국의 사모펀드 CDH인베스트먼트 등으로부터 총 약 1,900만 달러의 투자를 받았다. 또 알리바바그룹을 2대 주주로 두고 있다. 시안 라이프의 2018년 매출은 10억 위안(1,630억 원)을 돌파할 것으로 예상 된다.

시안라이프가 단기간에 급성장할 수 있었던 이유도 철저히 맞춤형 제품을 제공했기 때문이다. 시안라이프는 10여 명의 전문 바이어를 통해 시장 수요가 있는 제품만 엄선하는 방식으로 차별화했다. 당시 대부분의 전자상거래 기업은 최대한 많은 상품을 무분별하게 제공했다. 이제는 인공지능과 데이터 분석을 활용해 유통 및 편의점 산업에도 혁신을 일으키고 있다.

샤오 창업자는 이날 발표에서 "사랑을 하려면 먼저 연인을 이해해 야 하지만 기존 편의점은 소비자를 전혀 이해하지 못하고 있다"고 말했다. 이어 그는 "인공지능으로 어떤 고객이 어떤 상품을 사고 다시 방문을 하는지 알 수 있을 뿐만 아니라 어떤 상품을 들었다 놓는지 등 작은 소비 행동까지 분석해 활용할 수 있다"고 말했다. 샤오 창업자는 실제로 편의점 두 곳을 차별화해 성공한 사례를 제시했다. 시안라이프는 각각 여대생과 개발자가 많이 찾는 편의점 두 곳의 상품을 다르게 배치했다. 여대생이 많이 찾는 곳에는 화장품과 한국 과자 등을 주로 배치하고, 개발자가 많이 찾는 곳에는 맥주와 라면 등을 배치했다. 샤오 창업자는 "두 편의점 간 겹치는 제품을 85%에서 45%까지 낮춘 결과 두 곳의 판매량이 40%씩 증가했다"고 말했다.

안면인식 기술을 결합해 소비자 한 명 한 명에게 상품을 추천·제공하는 것도 가능하다. 소비자는 자신이 즐겨 찾는 브랜드의 맥주가 어디 있는지 손쉽게 파악하고 유사 상품 등 관련 정보도 알 수 있다. 시안라이프는 이 같은 분석기술을 고도화하기 위해 중국 인공지능 분야 선도기업 쾅스커지Face++와 전략적 제휴를 맺고 관련 연구기관을 공동 설립했다.

시안라이프에 따르면 하오린쥐 편의점 매장에 인공지능과 안면인식 기술 등을 적용한 결과 단일매장 매출이 2달 만에 350% 증가했다. 샤오 창업자는 "매장의 일일 평균매출이 130% 증가하고 소비자의 재구매 비율이 100% 증가한 것은 물론 물류관리를 효율화해 상품 파손율을 8%에서 3%까지 낮춰 비용도 줄일 수 있었다"고 말했다.

다만 이 같은 정보 수집과 활용이 개인정보 동의 및 보안 측면에서 문제가 될 여지는 있다. 샤오 창업자는 이에 대해 "까다로운 문제인 것이 사실"이라며 "현재는 소비자가 알리페이로 결제하기 전에 동의하는 약관에 근거해 정보를 제공받고 있다"고 말했다. 보안에 대해선 "알리페이가 쓰는 것과 같은 보안 시스템으로 소비자 정보를 철저히 보호하고 있다"고 말했다.

시안라이프는 오프라인 매장에 첨단기술을 접목하는 것과 더불어 온라인 부문도 강화하고 있다. 샤오 창업자는 "항상 곁에 있는 것이 사랑"이라며 "이동이 불편한 노인, 집에서 자녀를 돌봐야 하는 부모 소비자를 위해 알리바바의 온라인 쇼핑몰 텐마오天猫와 협력해 모바일 편의점을 제공하고 있다"고 말했다. 소비자가 모바일 앱에서 근처 편의점의 상품을 구매하면 30분 안에 배송도 해준다. 그는 "집에서 축구 경기를 보는 중에 맥주가 떨어졌을 때는 다시 사러 나갈지 고민하게 되는데 앱이 있다면 바로 주문을 한다"며 "온라인 앱을 통해 올해 월드컵 기간에 맥주 100만 캔을 팔았다"고 말했다.

샤오 창업자는 이 같은 '신유통' 전략을 통해 시너지 효과를 극대화할 수 있다고 설명했다. 신유통은 온·오프라인과 공급망을 통합하고 IT 기술을 접목시킨 유통 방식이다. 2016년 마윈 전 알리바바그룹 회장이 처음 개념을 제시한 뒤 중국 기업들이 앞다퉈 도입하며 중국의 유통혁명을 이끄는 트렌드가 됐다. 샤오 창업자는 "오프라인에서의 매출이 뒷받침될 때 고객을 지속적으로 넓혀 전자상거래의 한계를 극복할 수 있다"며 "이 같은 사실을 알기 때문에 중국의 거대 IT 기업들도 오프라인 매장에 뛰어들고 있다"고 설명했다.

이날 세션엔 신세계그룹 등 국내 편의점 업계 관계자들이 참석해 높은 관심을 보였다. 한 관계자는 명함을 교환한 뒤 시안라이프가 운영하는 중국 편의점 매장을 방문하고 싶다는 뜻을 내비치기도 했다. 샤오 창업자는 "중국 편의점에서 한국 제품의 비중이 점점 더 늘어나고 있다"면서 "중국 유통시장·산업에 관심이 있다면 시안라이프를 통해 진출하는 것이 도움이 될 수 있을 것"이라고 말했다.

넥스트 골드러시: 중국 게임산업

양 쥔 37엔터 부사장

양 쥔 부사장은 투자 및 인수 분야 전문가다. 37엔터는 양 부사장의 노력으로 다양한 회사의 인수합병에 성공해 글로벌 인지도를 높이면서 2017년 골드만삭스 선정 '중국 신흥 우량주 50' 기업에 선정됐다. 37엔터를 게임은 물론 가상현실, 영상 콘텐츠, 애니메이션에도 활발히 투자하는 종합 엔터테인먼트 회사로 키워냈다. 샤오 훙 대표는 중국 대표 온라인 게임업체 퍼펙트월드를 이끌고 있다. 2016년 순익이 전년 대비 700% 이상 폭발적으로 성장한 기업이다. 샤오 CEO는 2008년 입사한 후 수석부사장과 COO를 거쳐 현 CEO 자리에 올랐다. 퍼펙트월드가 미국 나스닥에서 철수해 중국 본토에 상장할 때 혁혁한 공로를 인정받아 CEO에 오른 인물이다.

"이제 중국 게임이 단순히 거대자본이 투입된 양산형 게임으로 승부하던 시기는 지났다. 이제는 중국의 문화적 특성을 담은 고퀄리티 게임으로 승부해야 살아남을 수 있다."

19회 세계지식포럼에 참여하기 위해 내한한 중국 게임업계의 리더들은 중국 게임이 이제 양산형 게임이 아닌 고퀄리티 게임으로 승부해야 해외시장을 공략할 수 있다고 입을 모았다. 이들은 한국의 게임전문가들과 한·중 간 게임산업의 발전과 협력이란 주제로 의견을 교환했다.

지난 10년간 글로벌 게임시장은 PC 게임, 웹 게임 그리고 최근의 모바일 게임에 이르기까지 엄청난 성장세를 유지했다. 특히 중국의 게임산업은 최근 수년간 이례적인 성장으로 많은 주목을 받았다. 실제로 중국은 플레이어 수와 총 수익 면에서 세계 최대의 게임시장이다.

2018년 5월, 시장조사업체 뉴즈Newzoo는 전 세계 톱 25개 게임업체를 발표했다. 여기엔 텐센트Tencent, 넷이즈NetEase, 퍼펙트월드Perfect World, 37엔터 등 무려 4개의 중국 회사가 포함됐다. 4개사 모두 중국

내수에 그치지 않고 해외시장에서 성공하면서 큰 수익을 올린 곳들이다.

해외시장 진출은 최근 중국 게임시장 성공의 원동력이다. 점점 더 많은 중국 게임회사가 해외시장의 문을 두드리고 있다.

그러나 이처럼 영원할 것 같았던 중국 게임산업의 번영도 최근 성장세가 꺾이면서 말 그대로 '후반전'에 돌입한 상황이다. 과거엔 게임을 내놓기만 해도 팔렸다면 이제는 게임시장에 새롭게 진입하는 유저들이 줄어들면서 옥석 가리기가 시작됐다.

양 쥔Yang Jun 37엔터 부사장은 "중국의 게임사들은 단순히 거대자본의 투자뿐 아니라 게임의 퀄리티를 끌어올려 양질의 게임을 공급하는 방법으로 세계무대에서 인지도를 높여야 한다"고 역설했다.

양 부사장이 이끄는 37엔터는 초기 온라인 게임을 출시하면서 2012년에 해외시장에 진출했다. 다음 해에는 모바일 게임을 해외시장에 퍼블리싱하면서 괄목할 만한 성장세를 유지하고 있다.

양 부사장은 해외시장에서 성공하려면 중국 본토와 해외시장 소비자들이 요구하는 게임의 차이를 파악해야 한다고 강조했다. 그는 "우리는 우리 게임의 장단점을 알고 있으며, 온·오프라인에서 게임을 출시하는 방법도 알고 있다"라며 "해외 퍼블리싱 팀은 항상 새로운 시장에 진출하기 전에 현지화, 마케팅 및 온라인 판촉 등 다양한 측면에서 현지 문화에 맞춘 세부 계획을 마련한다"고 설명했다.

중국 게임은 한국 시장에서 점점 더 중요한, 많은 비중을 차지하고 있다. 샤오 훙Xiao Hong 퍼펙트월드 CEO는 "2016년에 116개 중국 모바일 게임이 한국에서 출시됐다"며 "2017년에는 그 수가 134개로 증가했으며, 2018년에는 20% 증가할 것으로 예상된다"고 말했다.

최근 16개 중국 모바일 게임이 한국 내 매출 순위 톱 20 게임에 등극했으며 2017년 1,960억 원의 매출을 기록했다. 이는 전년 대비 74% 성장한 것이다. 이제 한국 게임의 가장 강력한 경쟁자는 미국 게임이나 일본 게임이 아니라 중국 게임이다.

샤오 CEO는 중국 게임의 한국 시장에서의 성공 비결을 중화권 문화의 특성에서 찾았다. 그는 "한국 시장에서는 오랫동안 서양 판타지를 배경으로 하는 게임이 지배적이었다"며 "그러나 1980년대와 1990년대 이후로 중국 무협 소설과 TV 쇼가 한국에 소개되면서 상당한 독자와 시청자를 끌어들였다"고 설명했다. 동양적인 주제를 담은 중국 게임들이 서양 판타지에 익숙한 한국 플레이어에게 색다르게 다가가면서 큰 반향을 얻었다는 것이다.

양 부사장도 37엔터가 한국 시장에서 달성한 최근 실적을 설명했다. 37엔터 산하 오로라스튜디오가 개발한 '반지The Ring'는 한국 내 톱 5 베스트셀러 중국 게임 중 2위를 차지했다. 그리고 2018년 초에는 '운명: 무신의 후예Destiny: God's Descendent'가 한국에서 출시됐는데, 이 게임은 한국 앱스토어에서 톱 10 베스트셀러 모바일 게임에 등극하면서 중국 무협을 주제로 한 게임으로서는 사상 최고의 실적을 올렸다.

양 부사장은 "한국은 세계에서 네 번째로 큰 게임시장이며, 가장 중요한 시장 중 하나"라며 "한국 플레이어에게 더욱 수준 높은 게임과 함께 중국의 문화도 소개하고 싶다"고 말했다.

국내외에서 파죽지세로 성장하던 중국 게임시장은 최근 중국 정부의 규제로 인해 정체위기에 봉착해 있는 실정이다. 위정현 한국게임학회 회장은 "게임산업을 선전부가 관리한다는 것은 상당히 심각한 일"이라며 "공산당이 게임을 선전매체로 파악한다는 것이며, 이는 게임 분야에 수많은 규제가 적용된다는 것을 의미한다"고 설명했다.

그는 "앞으로는 중국 정부가 싫어하는 성향의 게임을 만들지 않는 회사가 살아남을 것"이라며 "내수시장에서 규제가 더 심해지기 때문에 더 많이 해외진출을 모색할 것이며 한국을 중요한 타깃 시장으로 삼을 것"이라고 말했다.

"관광 한일전서 한국 완패 이유는…
일본, 관광청 세워 핵심산업으로"

노자와 하지메 JTB종합연구소 사장 외

노자와 하지메 사장은 1984년 JTB에 입사한 후 국제영업 총괄, JTB 유럽 본사 사장 등을 지냈다. 2016년부터 JTB종합연구소 사장 겸 CEO를 맡고 있다. JTB종합연구소는 일본 관광산업에 대한 연간 분석 보고서인 〈JTB Report〉를 발간하고 있다. 박상환 회장은 한국 1위 여행기업인 하나투어의 창업자이자 대표이사 회장직을 맡고 있다. 하나투어는 여행뿐 아니라 SM 면세점, 마크호텔 등 다양한 사업에 진출했다. 변정우 경희대학교 호텔관광대학 교수는 한국호텔외식경영학회 회장, 한국방문위원회 이사, 경희대학교 호텔관광대학 학장 겸 관광대학원 원장 등을 역임했다. 김대영 매일경제신문사 금융부장은 1995년 〈매일경제〉에 입사해 도쿄특파원, 중소기업부장, 유통경제부장을 거쳐 현재 금융부장을 맡고 있다. 일본 호세이대학교 대학원MBA, 동국대학교 대학원(경영학박사)에서 공부했다.

"관광은 현재 일본에서 자동차 다음으로 많은 수출을 하는 산업입니다."

노자와 하지메 JTB종합연구소 대표이사 CEO 겸 사장은 '한일 비즈니스포럼: 하나투어·JTB의 여행플러스' 세션에서 이렇게 말했다. JTB그룹은 일본 제1의 여행사로 그룹 매출만 1,320억 엔에 달하는 거대그룹이고 하나투어는 우리나라 1위 여행사다.

노자와 대표에 따르면 수출금액으로 환산했을 때 2017년 일본 관광산업 수출액은 4조 4,000억 엔에 달한다. 이보다 수출금액이 많은 것은 완성차로 반도체장비, 자동차부품, 철강, 발전설비, 반도체보다도 많다. 노자와 대표는 "일본 제조업 수출은 늘어나지 못하고 있는 상황에서, 인바운드 외국인 관광객은 외화 획득이라는 측면에서 중요한 산업이 됐다"고 설명했다.

폭발적으로 늘어나는 외국인 관광객은 '인구 감소'라는 위기에 처한 일본 경제와 지방정부에 한줄기 빛이 되고 있다. 노자와 대표는 "동일본 대지진 이후 줄어들었던 방일 외국인이 2012년 이후 크게 늘어났다. 2012년 840만 명이었던 관광객이 2017년에는 3배 이상인 2,870만 명에 도달했다"면서 "금년에는 3,200만 명을 넘어설 것으로 예상한다"고 전망했다. 2015년에는 45년 만에 방일 외국인수가 일본인 출국자수를 넘어서는 역전현상이 나타났다.

노자와 대표는 "일본 정부는 인구 감소에 따른 소비 감소를 외국 관광객으로 경제를 활성화시킨다는 목표를 가지고 있다"면서 "인구 1명이 줄어들면 국내 소비가 120만 엔 줄어드는데 이는 관광객을 8명 늘리면(1인당 소비액 15만 6,000엔) 그만큼의 소비 감소를 충당할 수 있다는 것"이라고 설명했다.

이같이 늘어나는 관광객은 실제로 인구가 줄어들고 있는 지방에 더 큰 혜택을 주고 있다. 2017년 일본 3대 도시의 관광객 투숙일 증가율이 10.2%였던 데 비해 다른 지역은 15.8%로 훨씬 높았다. 노자와 대표는 "요즘은 전통적인 관광지가 아니라 일반 사람들이 생활하는 모습을 보고 싶다는 관광객이 많다"면서 "일본 전원 풍경을 자전거로 도는 '사토야마 익스피리언스'라는 투어가 여행자들에게 매우 높은 인기를 얻고 있다"고 설명했다. 관광의 효과가 전국적으로 파급되고 있어 지방경제까지 활성화되고 있다는 것이다.

일본에 비하면 한국의 현재 관광산업은 초라하기만 하다. 우리나라를 찾는 외국인 관광객은 사드 사태 이후 1,700만 명(2016)에서 1,300만 명(2017)대로 급격하게 꺾였다. 반면 해외여행객은 2017년 2,600만 명으로 사상 최대를 기록했는데 출국자 4명 중 1명이 일본으로 향했다. 한국을 찾는 일본인 관광객수는 계속 감소하는 추세다.

그러나 2012년 이전만 해도 일본이 오히려 한국을 배우는 쪽이었다는 것이 노자와 대표의 설명이다. 그는 "대지진 이후 일본 경제가 어려워지면서 뭔가 손을 쓰지 않으면 안 된다는 절박함에 관광에 스포트라이트가 비춰졌다"면서 "아베 신조 총리가 관광진흥위원회를 구성하고 직접 위원장을 맡는 등 정부 차원에서 추진력을 가지고 밀어붙이고 있다"고 설명했다.

노자와 대표는 한국과 일본이 중국 여행자에 대해서는 서로 경쟁관계에 있지만 유럽과 미국 여행자를 대상으로는 서로 협력관계를 구축할 수 있다고 조언했다. 그는 "2~3주 동안 체류하는 사람이 적지 않은 유럽이나 미국 관광객이라면 한국과 일본을 같은 여행기간에 방문할 수 있다"면서 "동아시아를 주요 관광지로 오게 하기 위해 함께 프로모션할 수 있다"고 설명했다.

노자와 대표는 일본도 해외관광객을 늘리기 위해 노력해야 한다고 말했다. 그는 "중국·대만을 포함한 동아시아 4개국 교류가 서로 늘고 있어 2015년 4국 간 교류인원이 약 4,000만 명에서 현재는 5,000만 명까지 늘었을 것으로 추산된다"고 설명했다. 그는 "정체 상태였던 일본 해외여행자 수가 2015년부터 조금씩 늘고 있어 올해는 1,800만 명을 상회할 것으로 예상된다"면서 "그중에서도 오랫동안 침체되었던 청년 해외여행자 수가 증가한 것은 의미가 있다"고 설명했다. 특히 그는 2017년부터 일본에서는 제3차 한류 붐이 일고 있는데 이 젊은 세대를 중심으로 한국을 국내처럼 방문하는 여행자가 늘어난다면 한일 간 상호 교류가 좀 더 균형 잡힐 것이라고 기대했다.

국내 참석자들은 국가 차원에서 우리 관광을 살리기 위해 정부의 도움이 절실하다고 설명했다. 변정우 경희대학교 호텔관광대학 교수는 "이번 정부 들어 관광 관련 회의는 국무총리가 주관하는 연 2회의 국가관광전략회의로 격하됐다"면서 "일본은 민간에서 위원회에 참여하는데 이들의 의견이 정책에 반영되는 속도가 한국보다도 더 빠르다"고 아쉬워했다.

박상환 하나투어 회장도 "과거에는 관광 주무부처가 일본처럼 교통부 산하에 있었지만 1990년대부터 문화체육관광부 산하로 들어가게 됐다"면서 "그러다 보니 산업적인 측면에서 접근하지 못하는 아쉬움이 있다"고 토로했다. 변 교수는 "관광정책은 문체부가 주무부처이지만 설악산 케이블카 문제처럼 문체부가 권한을 가지고 있지 못한 것들이 많다"면서 "결국 대통령이 무엇에 관심을 갖는지에 달렸다"고 말했다.

인공지능의 꽃, 안면인식:
중국 최대 AI 유니콘 센스타임의 혁신

마이클장 센스타임 회장

마이클 장 회장은 센스타임의 경영과 전략 개발, 인수합병, 정부기관 협력 전반을 책임지고 있다. 장 회장은 성공적인 기업가 겸 투자자로서 수십억 달러 규모의 수익을 냈고 그 공로를 인정받아 백목련상Magnolia Award을 받았다. 현재 상하이 청년기업가 협회의 부대표이자 둥화대학교와 상하이해사대학교의 교수로 재임 중이다. 2013년에는 린강그룹, 중국개발은행과 함께 상하이 린강산업펀드를 설립했다. 장 회장은 그동안 쌓아온 폭넓은 자원과 인맥을 활용해 써미트 주식투자기금Summit Capital Equity Investment Fund을 성공적으로 운영하고 있다. 2011년 세계적인 LED 조명제작 기업인 엔레이텍Enraytek을 설립해 회장 겸 CEO로 재임했다. 과거 유엔과 월스트리트를 오가며 수십억 달러 규모의 사모펀드와 인수합병 거래들을 성공적으로 완수한 경험이 있다. 또한 뉴욕 주 소속 변호사이기도 하다. 장 회장은 하버드 로스쿨에서 법학 박사 학위를 받고, 컬럼비아 비즈니스 스쿨에서 MBA를 졸업했다.

COLLECTIVE INTELLIGENCE:
OVERCOMING GLOBAL PANDEMONIUM

"인공지능 기업이 성공하기 위한 4대 조건이 있습니다. 첫째 투자자의 관심을 끌 사용자 사례, 둘째 딥러닝을 위한 빅데이터, 셋째 복잡한 계산 처리를 위한 컴퓨팅 능력, 넷째 이 모든 걸 활용할 수 있는 인재입니다."

마이클 장Michael Zhang 센스타임SenseTime(중국명 상탕커지) 회장은 '인공지능의 꽃, 안면인식: 중국 최대 AI 유니콘 센스타임의 혁신' 세션에서 인공지능AI을 제2의 인터넷에 비유했다. 그는 "20년 전 인터넷 도입에 뒤처졌던 수많은 기업이 역사 속으로 사라졌다"며 "지금 AI를 활용하지 않는 기업의 10년 뒤 미래도 이와 같을 것"이라고 강조했다.

장 회장이 이끄는 AI 기술기업 센스타임은 올해(2018)로 겨우 4년차에 접어든 신생 스타트업이다. 역사는 짧지만 지금껏 이룬 성과는 괄목할 만하다. 센스타임은 99% 이상의 정확도를 자랑하는 안면인식 기술을 바탕으로 창립 4년 만에 세계에서 가장 '비싼' AI 스타트업 중 하나에 등극했다. 센스타임은 2018년 9월 일본 소프트뱅크의 비전펀드로부터 AI 스타트업으로는 최대 규모인 10억 달러 투자를 유치하면서 기업가치가 60억 달러에 육박했다. 2018년 4월 알리바바그룹이 6억 달러를 투자했을 때 경신한 최대 투자액 기록을 다시금 갈아치운 것이다.

센스타임의 가능성을 눈여겨보는 투자자는 소프트뱅크와 알리바바뿐만이 아니다. 센스타임에는 퀄컴, 싱가포르 국부펀드 테마섹, 쑤닝, 다롄완다 등 글로벌 큰손의 대규모 투자가 쏟아지고 있다. 센스타임의 기술을 사용하는 대기업은 700개가 넘는다.

장 회장은 센스타임의 경영과 전략 개발, 인수합병, 정부기관 협력 전반을 진두지휘하고 있다. 월스트리트를 누비며 수십억 달러 규모 사모펀드와 인수합병 거래들을 성공적으로 완수하는 등 기업인으로서 잔뼈가 굵은 그는 하버드대학교 로스쿨에서 법학 박사 학위를 받은 미국 뉴욕 주 소속 변호사기도 하다.

그는 센스타임이 짧은 기간 내에 폭발적으로 성장할 수 있었던 주요 원인으로 연구개발 투자를 꼽았다. 그는 "센스타임 직원 2,300명 가운데 1,000명 이상이 연구인력이고, 그중 AI 분야의 박사 학위 보유자가 250명에 달한다"고 밝혔다. AI 기술개발에 매달리는 인력이 전체의 40%에 달하는 가운데 그중 4분의 1이 세계 최고 수준의 전문가라는 의미다. 그는 "센스타임이 내놓는 AI 연구개발 출판물 수는 구글, 페이스북을 앞지르는 수준"이라며 "AI의 핵심인 딥러닝 플랫폼 질도 타의 추종을 불허한다"고 강조했다.

그는 "박사 학위 소지자의 70%가 해외에서 트레이닝을 받았다"며 "연구인력 다양화를 위해 중국뿐 아니라 미국과 유럽에서도 적극적으로 채용을 진행하고 있다"고 밝혔다. 업계 최고 수준의 봉급도 고급인력을 끌어들이는 요인이다. 그는 "박사급 연구원 한 명이 받는 연봉은 25만 달러(약 2억 8,600만 원)에 달한다"고 귀띔했다.

중국은 안면인식 기술 선두국가다. 전 세계 안면인식 기술 분야 톱 3는 모두 중국 기업이다. 업계 최강자인 센스타임 밑으로 2위 이투커지, 3위 메그비가 포진하고 있다. 미국과 비교했을 때 중국의 선전은 단연 두드러진다. 현재 안면인식 기술에 특화한 미국 스타트업 중 이들에 비견될 만한 곳은 없다. 자율주행자동차 등 기타 AI 분야에서 테슬라 등 미국 기업이 선두를 달리는 것과 대조적이다. 장 회장은 "중국은 안면 인식 기술에서 강세를 보이지만 미국은 언어처리 방면에서 세계 1위"라며 양국이 AI 업계에서 두각을 나타내는 분야가 다르다고 전했다.

또 중국 정부의 대대적인 지원도 있었다. 중국 정부는 2030년까지 중국 AI 산업 규모를 1,500억 달러까지 키우겠다고 공언하고 2017년 부터 연 6조 원 이상을 쏟아붓고 있다. 게다가 상대적으로 다른 나라 에 비해 개인정보 공개나 침해에 관대해 AI 기업들은 엄청난 데이터를 기반으로 자유로운 실험을 통해 기술을 발전시키고 있다. 공공장소에 설치된 감시카메라 기록정보에 대한 접근권을 허용해 알고리즘 업데 이트를 돕기도 한다. 실제 센스타임이 학습용으로 보유한 20억 장의 이미지 중 상당수가 정부 데이터베이스에서 나왔다.

센스타임은 광저우, 선전, 윈난성 정부 경찰과 기술협력을 맺고 공공 장소에서 범죄 용의자를 색출하는 데 도움을 주고 있다. 2018년 4월 장 시성 난창시에서는 중국 공안 5만 명이 운집한 콘서트장에서 수배범 을 체포했는데 이때 센스타임 얼굴인식 기술이 활용됐다. 센스타임은 특히 상하이 시정부와 AI 시스템을 기반으로 한 스마트시티 건설을 위한 협정을 맺었다. 장 회장은 이와 관련해 "센스타임의 최고 관심사 중 하나는 공공안전"이라며 "공공장소에서 사람이 과도하게 밀집되면 경고를 해주는 제품을 최근 출시했는데 반응이 좋다"고 전했다.

이외에도 2016년 중국에서 분 P2P 대출 붐은 안면인식 기술의 수요를 대폭 끌어올렸다. 사기를 막기 위해 실제 대출자의 얼굴과 주민등록증을 대조해 신원을 확인하는 데 안면인식 기술이 사용됐다. 과거 직원이 실물과 신분증을 일일이 대조했을 때와 비교해 시간과 비용을 대폭 절감시킬 수 있다는 점에서 업계의 환영을 받았다.

비보, 오포 등 업체들은 스마트폰에 안면인식 신기술을 접목해 차별화를 꾀하고 있다. 안면인식 잠금해제, 증강현실 기술을 접목한 카메라 기능이 시장에서 좋은 반응을 얻으면서 기술 수요가 급상승했다. 특히 센스타임은 이 과정에서 급격히 세를 넓혀 현재 안면인식 잠금해제 시장의 60%를 점유했다.

장 총재는 "한국은 자본력이 있고, 양질의 인력을 다수 보유하고 있는 만큼 AI 분야에서 발전 가능성이 매우 높다"며 한국과의 협력 가능성도 시사했다. 그는 AI 분야에서 한국과 중국의 협업방안에 대해 "한국 인구는 6,000만 명이지만 중국에는 15억 명이 살고 있는 만큼 한국보다 많은 데이터를 보유하고 있다"며 "한국 기업이 알고리즘을 중국에서 트레이닝하고 이걸 한국에 가져와서 다른 애플리케이션에 적용할 수 있다"고 전했다.

인도 경제 전망과 성장잠재력

아밋 카푸르 인도경쟁력연구소 대표

아밋 카푸르 박사는 인도경쟁력위원회 대표이자 인도경쟁력연구소 명예회장을 겸임하고 있다. 그는 경영 전문지인 〈싱커스Thinkers〉의 편집장으로 재임 중이며 경영학계의 오스카상으로 불리는 싱커스50Thinker50의 자문위원으로 활동하고 있다. 플로리안 콜바체르 박사는 '북아시아 이코노미스트 기업 네트워크'의 총괄자로, 대한민국과 일본의 기업 네트워크를 전담하고 있다. 스리프리야 란가나탄 인도대사는 델리대학교에서 역사학 석사 학위를 받은 직후 1994년 인도 외무부에 외교관으로 합류했다.

"인도는 세계 경제를 이끄는 기관차다. 인구 규모 13.5억의 대국인데다 연평균 7%를 넘는 고성장을 기록하고 있다. 인도의 성장은 한국에게는 기회다. 나렌드라 모디 정부가 추진하는 인프라스트럭처 구축 사업과 제조업 활성화 정책인 '메이크 인 인디아'를 통해 새로운 사업 기회를 발굴할 수 있을 것이다."

서울 신라호텔에서 열린 세계지식포럼 마지막 날 '인도 경제 전망과 성장잠재력' 세션에서 한자리에 모인 인도 전문가들은 인도 경제의 폭발적 성장세가 부진에 빠진 세계 경제에 마중물 역할을 할 것이라고 입을 모았다.

아밋 카푸르Amit Kapoor 박사는 인도의 성장이 세계 경제에서 갖는 중요성을 부각했다. 그는 "세계 경제성장을 이끄는 견인차 세 곳은 미국, 중국, 인도"라며 "이들 세 국가 중에서도 인도는 월등하게 빠른 속도로 성장하고 있기 때문에 인도 경제와 직간접적으로 연관이 있는 국가들에 미칠 낙수효과가 크다"고 말했다.

그는 인도의 발전은 곧 다른 나라의 기회라는 점을 시종 강조했다.

인프라 부족 문제, 위생 문제로 고민하고 있는 국가가 인도뿐만이 아닌 만큼 인도에서 고안된 해결책이 다른 나라에도 확대 적용될 수 있다는 이유에서다.

카푸르 박사는 "인도는 아직까지 해결해야 할 문제가 산재한 상황"이라며 "정부 차원에서 해결 의지가 충만하고, 세계 여러 국가와 기업들도 참여해 적극적으로 해결책을 모색하고 있는 만큼 우리가 고안해낸 방안은 전 세계적으로 적용될 수 있을 것"이라고 내다봤다. 개도국들이 공통적으로 겪고 있는 문제에 대한 해결책을 위한 '테스트베드'로서 인도의 역할을 강조한 것이다.

이어 그는 "2050년이 되면 인도는 세계에서 가장 노인이 많은 나라가 될 것"이라며 "인도의 고령화는 글로벌 헬스케어사, 보험사에게는 큰 기회"라고도 덧붙였다.

인도 경제성장이 소강기에 들어섰다는 우려에 대해서는 반박 의견을 내놨다. 그는 세계 경제가 위기를 겪은 2008년을 기점으로 인도 경제도 흔들리고 있다는 말이 나오지만, 실제 인도는 다른 국가와 대비할 때 견조한 성장세를 유지하고 있다"고 밝혔다.

플로리안 콜바체르Florian Kohlbacher 박사도 "무역전쟁의 영향으로 내년 전 세계 평균 성장률은 전년 대비 소폭 하락한 2.8~3% 사이에 그칠 것으로 전망되지만 인도의 2019년 성장률 예측치는 그 2배 이상인 7.7%로 조사됐다"며 카푸르 박사의 주장에 힘을 실었다.

콜바체르 박사는 다만 인도가 중국을 뛰어넘는 경제대국에 등극할 가능성에 대해서는 조심스러운 입장을 보였다. 그는 "중국보다 인도의 경제성장 속도가 빠른 것은 사실이지만 이것이 곧 인도가 중국을 능가할 것이라는 예측과 같은 의미는 아니다"라며 "인도가 중국을 따라잡기 위해서는 연평균 성장률을 15% 이상으로 수년간 유지해야 한다"고 지적했다.

중국도 세계 평균 대비 높은 성장세를 보이고 있는 만큼 수년 안에 인도가 중국 경제 규모를 추월할 가능성은 적다는 전망이다. 다만 구매력PPP 기준 물가 등을 고려한 구매력 기준 GDP에서는 2050년이면 중국을 능가할 가능성이 크다고 내다봤다. 인도의 PPP는 인도는 9조 4,893억 달러로 중국, 미국에 이어 세계 3위 규모다.

콜바체르 박사는 인도가 중국을 따라잡느냐 마느냐의 문제와는 별개로 인도가 기회의 땅이라는 사실은 변함없다고 강조했다. 그는 "일례로 인도인들이 3초마다 인터넷을 경험하고 있다는 조사 결과는 글로벌 전자상거래, IT 기업이 인도에서 무한히 확장할 수 있다는 것을 보여준다"고 말했다.

스리프리야 란가나탄Sripriya Ranganathan 주한 인도대사는 한국과 인도가 전략적 동반자 관계를 구축해나가야 한다고 강조했다.

그는 "몇 년 전까지만 해도 한국과 인도는 아예 다른 세상에 사는 것처럼 서로 무관심했던 것이 사실이지만 지금은 얘기가 완전히 달라졌다"며 "지난해 한·인도 양자 교역관계는 200억 달러를 넘어섰고, 2030년까지 이를 500억 달러로 확대하자는 목표까지 제시된 상태"이며 양국 관계에 훈풍이 불고 있다고 말했다.

이어 "지난 7월 문재인 대통령과 모디 총리는 인도 뉴델리에서 정상회담을 갖고 교역 규모 확대 내용을 담은 성명을 채택했는데, 이 같은 정치교류는 민간협력 활성화로 이어진다는 점에서 매우 환영할 만하다"고 말했다. 또 "한국의 신남방정책과 인도의 새로운 동방정책인 액트 이스트가 맞물려 한·인도 관계가 새로운 지평을 맞았다"고 평가했다.

란가나탄 대사는 "인도 중산층 중 한국산 제품이 없는 가구는 없을 것"이라며 한국산 소비재기업은 이미 인도에 많이 진출해 있는 상태이지만, 앞으로 인도에서 더욱 큰 사업기회를 찾을 수 있을 것으로 내다봤다.

그는 "모디 총리가 펼치는 경제 활성화 정책인 모디노믹스의 세부 정책으로 '메이크 인 인디아Make in India', '스마트시티Smart City', '스타트업 인디아Startup India' 등이 있다"고 소개하며 "특히 메이크 인 인디아 정책은 한국 제조기업들에게 많은 기회를 줄 것"이라고 설명했다. 메이크 인 인디아는 해외 기업들의 제조공장을 인도에 유치하고 자국 제조업을 활성화시켜 지속가능한 성장기반을 마련하기 위한 정책이다.

그는 한·인도 양국이 상보적 관계에 놓여 있다고 강조하며 "제조업 외에도 환경, 홍수관리 등 인도가 직면한 문제를 해결해가는 과정에서 한국 기업이 참여해 수혜를 볼 여지가 많다"고 전했다.

또 인도가 세계은행이 산출한 기업환경평가에서 30계단 상승이동 했다는 점을 들어 글로벌 기업이 인도에서 사업하기가 한층 수월해 졌다고 밝혔다. 2017년 세계은행이 발표한 기업환경평가에서 인도는 2016년의 130위에서 100위로 올라섰다. 란가나탄 대사는 "외국 기업들의 진입장벽으로 꼽혀오던 인도의 열악한 경영 환경이 모디 정부의 '기업하기 좋은 환경' 조성 노력으로 개선되고 있다"고 설명했다.

6

삶의 질 업그레이드
새로운 비타민 코드

하버드보다 들어가기 어려운 대학, 미네르바 스쿨의 혁신교육

벤 넬슨 미네르바 스쿨 CEO

벤 넬슨은 새로운 고등교육의 패러다임을 제시하는 미네르바 스쿨의 설립자이자 최고경영자다. 벤 넬슨은 미네르바 스쿨을 만들기 전 스타트업인 스냅피쉬에서 10년간 일했고, 이를 세계 최대 퍼스널 인화 서비스 플랫폼으로 일궈냈다. 그는 2005~2010년까지 스냅피쉬 최고경영자로 일했다. 이후 그는 스냅피쉬를 휴렛팩커드에 3억 달러에 매각했다. 벤 넬슨은 펜실베이니아대학교 와튼 스쿨에서 경제학 학사를 취득했다. 그는 재학중 고등교육의 새로운 청사진을 마련하겠다는 열정을 키웠다. 대학 입학 1년 후 그는 펜실베이니아대학교에서 가장 유서 깊다고 알려진 학부생교육학생위원회 위원장을 지냈다. 그는 2017년 출간한 《Building the Intentional University: Minerva and the Future of Higher Education》의 공동저자이기도 하다.

"대학이 직장에서 필요한 능력을 학생에게 가르치는가?'란 시장조사기관 갤럽의 물음에 오직 11% 기업만이 '그렇다'고 답했습니다. 전통대학은 급변하는 4차 산업혁명 시대에 걸맞은 교육을 제공하지 못하고 있습니다."

벤 넬슨Ben Nelson 미네르바 스쿨 CEO는 서울 장충아레나에서 열린 세계지식포럼 '하버드보다 들어가기 어려운 대학, 미네르바 스쿨의 혁신교육' 세션에서 전통대학은 학생들이 실생활에 사용할 지혜를 가르치지 못한다고 지적했다. 넬슨 CEO는 "새로운 변화가 끊임없이 일어나는 현대에는 과거에 배운 것을 적용해 어떤 문제든 해결하는 '지혜로운 인재'가 필요하다"며 "하지만 전통대학은 학생들의 응용 능력을 전혀 길러주지 않는다"고 비판했다. 이어 그는 "그러니 직장에 가면 대학에서 도대체 뭘 배운 거냐는 비아냥을 듣는 것"이라고 안타까워했다.

그는 미네르바 스쿨은 다르다고 강조했다. 2014년 문을 연 미네르바 스쿨은 미래 대학의 대안으로 떠오르는 곳이다. 입학생들은 샌프란시스코에서 1년간 지내고 이후 서울, 런던, 이스탄불 등 전 세계 7개 도시에서 거주하며 실제 삶을 배워간다. 모든 수업은 온라인으로 이뤄지며 미리 공부해 온 주제를 자유롭게 토론하는 경우가 많다. 등록금도 미국 사립대학의 3분의 2 정도 수준으로 낮은 편이다. 덕분에 미네르바 스쿨의 인기는 매년 높아져 2017년에는 지원자의 1.2%만이 입학 허가를 받았다. 미국 명문대학인 하버드대학교나 예일대학교의 평균 합격률이 5% 수준이라는 것을 고려하면 무척 낮은 수치다.

넬슨 CEO는 미네르바 스쿨의 경쟁력은 지혜를 유연하게 활용하도록 가르치는 데 있다고 설명했다. 특히 다양한 상황과 맥락을 여러 구성요소로 쪼개 비판적으로 사고하는 훈련을 반복한다고 했다. 효율적 의사소통 능력을 길러주기 위해 토론 수업을 적극 도입하고 있기도 하다. 넬슨 CEO는 4차 산업혁명 시대를 맞아 새로운 맥락에 자신이 배운 걸 적용하는 이런 훈련이 더욱 중요해지고 있다고 주장했다.

그는 "인공지능이 결코 이해할 수 없는 게 바로 맥락"이라며 "맥락 속에 숨겨진 의미와 문화적 특이 사항은 인간도 설명하기 어려운데 인공지능이 어떻게 알겠냐"고 반문했다. 이어 그는 "미네르바 스쿨 학생들은 다양한 문화권을 돌아다니며 공부하기 때문에 배운 지식을 여러 상황에 적용해볼 수 있다"며 "한마디로 미네르바 스쿨은 인공지능이 대체할 수 없는 인재를 만들어내는 데 집중한다"고 자부했다.

넬슨 CEO는 전통교육의 문제점이 심각하다고도 우려했다. 여전히 지식을 암기하는 데 초점이 맞춰진 전통대학 교육은 시대착오적이란 시각이다. 넬슨 CEO는 "전통대학 교육에선 배운 내용을 6개월만 기억하면 좋은 학점을 받을 수 있다"며 "하지만 6개월이 지나면 배운 내용의 10%만 머릿속에 남기 마련"이라고 지적했다. 그는 "만약 차를 구매한 후 6개월 이내에 고장 날 확률이 90%라면 누구도 사지 않을 것"이란 비유를 들며 "전통대학 교육 시스템은 근본적으로 잘못됐다"고 단언했다. 반면 미네르바 스쿨 학생들은 응용교육을 받기에 배운 내용의 70% 이상을 기억한다고도 했다.

지나치게 높은 등록금과 불안정한 대학재정 상태도 그가 지적하는 핵심문제다. 넬슨 CEO는 "미국 고등교육기관의 1년 평균 예산은 6,000억 달러 정도 된다"며 "이 중 2,500억 달러가량은 정부 보조금이나 기부금을 통해 충당한다"고 설명했다. 문제는 금융위기가 닥쳤을 때다. 그는 "금융위기가 찾아와 정부 보조금이 줄어들고 기부금이 사라지면 고등교육 운영비용의 3분의 1이 사라질 수 있다"며 "이럴 경우 건물 관리비와 교직원 월급 등 고정비용을 주지 못해 파산하는 대학이 속출할 것"이라고 전망했다.

혁신에 둔감한 교수진 역시 문제점으로 꼽혔다. 넬슨 CEO는 미국 유명 명문대학에 부임한 신임 교수의 사례를 소개했다. 그는 "신임 교수가 효과적인 교육 방법을 고민하고 강의 방법을 혁신해 결국 학기말에 학생들로부터 최고 강의상까지 받았다"며 "그런데 상을 받았더니 학장이 불러 '교육을 잘하면 연구를 못하는 것'이라며 꺼려했다더라"고 말했다. 넬슨 CEO는 "전통대학에선 위기감을 가지고 교육혁신에 나서는 교수진을 찾기 어렵다"며 "대부분 종신직인 그들은 오히려 혁신을 귀찮아한다"고 꼬집었다.

그럼에도 학부모와 학생들이 유명 명문대학을 선호하는 이유는 '브랜드' 때문이라는 게 넬슨 CEO의 시각이다. 그는 "하버드를 나오면 편견 없는 면접을 볼 수 있다"며 "하지만 유명 대학을 나오지 못하면 면접관들은 '이 사람은 뭔가 별로여서 이런 대학에 갔을 거야. 별로인 점을 찾아봐야지'라고 무의식중에 생각한다"고 아쉬워했다. 전통대학에 문제가 있는 것을 알면서도 사회적 인식 때문에 어쩔 수 없이 지원한다는 것이다.

'미네르바 스쿨에 입학하려면 어떻게 해야 하느냐'는 질문에 넬슨 CEO는 "먼저 우리는 수능 점수를 중요시하지 않는다"고 못 박았다. 그는 "미네르바 스쿨 학생들의 면면을 보면 비교적 어려운 상황에서도 끈기 있게 견딘 이들이 많다"며 "단순히 똑똑한 것을 넘어 끈기와 열정이 있고 성실하고 겸손한 학생이라면 합격 가능성이 높아질 것"이라고 귀띔했다. 마지막으로 넬슨 CEO는 "글로벌 사회의 혼란은 시대 상황에 맞는 리더를 교육하는 곳이 부족하기 때문에 생긴다"며 "미네르바 스쿨의 교육과정이 널리 퍼져 진정한 인재들이 글로벌 대혼란을 타계하길 바란다"고 밝혔다.

이날 장충아레나에는 수천 명의 참가자들이 몰려 2층 관중석까지 가득 채웠다. 유학을 준비 중인 고등학생부터 새로운 교육에 관심이 많은 학부모와 교사들까지 참가자의 면면도 다양했다. 청중들은 세션이 끝난 후 20분이 지나도록 벤 넬슨에게 질문을 쏟아냈다.

— 영국 남자 조쉬가 들려주는 유튜브 성공 비결 —

조슈아 캐럿 영국남자

영국 남자 조쉬(본명 조슈아 캐럿)는 2인조 유튜브 채널을 운영하는 유튜버다. 그는 중국 칭다오에서 오직 한국 학생들로만 이뤄진 국제고에서 유학생활을 했다. 이곳에서 한국 학생들과 어울려 생활하며 처음으로 한국 문화에 눈을 뜨게 됐다. 졸업 후 영국으로 귀국해 런던대학교 아시아·중동·아프리카 지역학을 전문으로 하는 단과대학SOAS에서 한국어 및 한국 문화를 전공했다. 조쉬는 이곳에서 현재 함께 유튜브 채널을 운영하는 동료 올리버 켄덜을 만났다. 이들은 유튜브 채널을 통해 영국에 한국 문화를 소개해 두 문화 사이의 교량 역할을 하고 있다. 최근 5년 동안 이들의 채널은 급속도로 성장했고 현재 한국 최대 미디어 콘텐츠 프로덕션으로 부상했다.

"유튜브에 무작정 영상을 올려선 안 돼요. 성공한 유튜버가 되려면 색다른 콘텐츠와 치밀한 기획, 지속적 혁신이 필수입니다."

인기 유튜브 채널 '영국남자'를 운영하는 조슈아 캐럿Joshua Carrott(조쉬)은 서울 장충아레나에서 열린 세계지식포럼 '영국 남자 조쉬가 들려주는 유튜브 성공 비결' 세션에서 자신의 노하우를 아낌없이 공개했다. 그는 "유튜버란 직업은 얼핏 보면 쉬워 보인다"며 "하지만 온라인에 동영상을 무작정 올리고 사람들이 찾아오길 기다려선 외면받을 뿐"이라고 단언했다.

조쉬가 자신의 절친 올리와 함께 운영하는 '영국남자' 채널은 구독자가 285만 명에 달한다. 이 채널에 올라온 동영상 289개의 시청 건수는 7억 건이 넘는다. 대부분 한국 문화를 처음 접하는 영국인들의 흥미진진한 반응을 소개하는 내용이다. 그는 이 채널을 통해 한국 문화를 전 세계에 알리는 역할을 해왔다.

조쉬는 '영국남자' 채널의 성공 비결로 가장 먼저 '색다른 콘텐츠'를 꼽았다. 그는 "한국 문화에 대한 이해와 통찰력이 높은 외국인이란 게

엄청난 차별점이었다"고 강조했다. 이어 그는 "외국인들은 한국 음식 하면 김치를 가장 먼저 떠올리지만 내 생각에 가장 좋아할 만한 건 치킨이었다"며 "한국인 입장에선 너무 뻔한 것 아닌가 생각할 수 있겠지만 영국인에겐 신세계를 열어주는 것이나 다름없었다"고 말했다. 실제 그가 '영국남자' 채널에 올린 '치맥(치킨+맥주)을 처음 먹어본 영국인들의 반응'이란 제목의 동영상은 조회수가 1,343만 회를 돌파했다. 영국인들은 새로운 문화를, 한국인들은 영국인의 반응을 각각 신기해한 것이다.

조쉬는 자신이 '제3문화권 아이'라 유리했다고 설명했다. 그는 12세 때 부모님을 따라 중국 칭다오로 떠났다. 오직 한국 학생들로만 이뤄진 칭다오 국제고에서 유학생활을 하며 한국 문화에 눈을 떴다. 조쉬는 "한국인 친구 집에 가서 한국 요리를 먹고, PC방 가서 게임을 하며 한국 정서가 내 정체성의 일부가 됐다"며 "영국인 부모님의 문화와도, 실제 거주하는 중국 문화와도 맞지 않는 제3문화권 아이가 된 것"이라고 설명했다. 그는 "당시 친구들과 노래방에 가면 14세 남자애들이 모여 심각하게 발라드를 부르는 게 그렇게 신기할 수 없었다"며 "나중에 동영상을 만들기 시작할 때 문득 타 문화권이 바라보는 신기한 점을 부각하면 재미있겠다 싶었다"고 밝혔다.

치밀한 기획도 중요한 성공 요건이라는 게 조쉬의 설명이다. 그는 "처음 '영국남자' 채널에 올린 영상 중엔 길게는 몇 개월 이상 기획한 것도 있었다"며 "영상 하나를 올릴 때도 바이럴 마케팅용, 브랜드 소개용 등 목표를 명확하게 잡았다"고 회상했다. 덕분에 조쉬는 영상 업로드

3일 만에 갑작스레 40만 조회수를 기록하고 3만 5,000명의 구독자가 생겨도 버틸 수 있었다고 했다. 그는 "당시엔 부담감이 엄청났지만, 준비가 돼 있으니 열정적으로 할 수 있었다"고 웃었다.

조쉬는 급변하는 온라인 세상에선 지속적 혁신이 필수라고 목소리를 높였다. 그는 "지난 5년간 '영국남자'가 유튜브 경쟁에서 앞서 있었던 건 맞지만, 이제 슬슬 '조상뻘'이 돼가고 있다"며 "인터넷 세상은 정말 도태되기 쉬운 곳"이라고 고개를 저었다. 조쉬는 경쟁에 뒤처지지 않으려면 구독자들의 반응에 민첩하게 반응해야 한다고 주장했다. 일례로 '영국·미국의 불닭볶음면 도전'이란 2개 영상을 소개했다.

조쉬는 "팬들이 먹거리를 많이 보내줬는데 특히 소포에 불닭볶음면이 자주 들어 있었다"며 "순간 내가 먹어보길 바라는구나 싶어 영상을 준비한 게 대박을 쳤다"고 말했다. 두 영상의 조회수는 1,500만 건에 육박한다. 이후 유럽과 아시아 전역에서 다양한 불닭볶음면 도전 영상이 올라오기도 했다.

한국 음식에 대한 반응 소개를 넘어서 이젠 유명 연예인 인터뷰까지 진행한다. 세계적인 스타 베네딕트 컴버배치, 톰 히들스턴, 톰 홀랜드, 라이언 레이놀즈 등과 인터뷰한 게 대표적이다. 그는 "영국과 한국에 유튜브 관리 직원만 4명이 넘는다"며 "무한한 가능성이 있는 인터넷에서 꾸준히 성장할 수 있도록 계속 노력할 것"이라고 밝혔다.

조쉬는 '진정성'을 보여주는 것도 중요하다고 봤다. 그는 "'영국남자' 채널의 특이한 점은 실제 친한 사람들의 커뮤니티를 그대로 보여준다는 것"이라며 "구독자들이 진정성 있는 우정을 높이 평가해주시는 것

같다"고 말했다. 물론 삶의 상당 부분을 공개하기에 어려운 점도 많다는 입장이다. 조쉬는 "삶을 보여주기에 영상 제작과 실제 삶을 분리하는 게 어렵다"며 "영상이 높은 조회수를 기록하지 못하면 '사람들이 더 이상 나를 좋아하지 않는구나'란 생각이 들며 우울해진다"고 토로했다. 그는 다만 "내 주변의 소중한 사람들과 소통하며 우울감을 극복해냈다"며 "나의 가치가 동영상이 아닌 삶 그 자체에 있다는 것을 항상 유념해야 한다"고 조언했다.

마지막으로 조쉬는 '영국남자'는 지금 이 순간에도 발전하고 있다고 강조했다. 그는 "온라인 동영상 시장은 이제 막 열리기 시작했다"며 "미래에는 모든 비디오를 온라인을 통해서만 보게 될 것"이라고 주장했다. 이어 "앞으로 어떤 플랫폼에서든 유연하게 적응하는 콘텐츠를 제작하겠다"며 "'영국남자' 채널과 구독자 간의 지속적 소통을 통해 새로운 '공동체'를 만들어보고 싶다"는 포부를 내비쳤다.

48시간 이내에 창업하기

프레이저 도허티 슈퍼잼 창업자 겸 CEO

프레이저 도허티는 창업 전도사. 10세 때부터 동네 양계장을 찾아 달걀을 파는 사업에 도전하는가 하면, 12세에는 동네에서 베이컨을 파는 사업에 도전하고, 14세에는 본격적으로 잼 사업을 벌였다. 그가 운영하는 잼 브랜드 '슈퍼잼'은 영국에서 시작해 전 세계에서 수백만 개가 팔리는 잼 브랜드가 됐다. 전 세계 2,000개 이상의 오프라인 매장에 잼을 공급하고 있으며, 설탕을 사용하지 않는 100% 천연 과일잼으로 명성을 얻었다. 한국에서는 신세계 계열 온라인 플랫폼인 SSG닷컴에서 판매되고 있으며, 홈쇼핑에서도 수차례 판매됐다.

어린 시절 할머니의 부엌, 달궈진 가스레인지 위에는 자신의 몸통만 한 냄비에서 보글보글 달보드레한 냄새가 피어올랐다. 어린 시절 부엌에서 맡았던 달콤한 냄새는 무럭무럭 자라나는 젊은이에게 달콤한 창업의 꿈을 심어줬다. 20대에 백만장자가 된 '잼보이' 프레이저 도허티 Fraser Doherty 슈퍼잼 Super Jam 창업자의 이야기다.

도허티는 《나는 돈이 없어도 창업한다 48 hours start-up》 책을 쓰는가 하면, 만나는 사람마다 '가까이에 있는 소재로 창업에 나서라'고 권한다. 프레이저 도허티는 세계지식포럼에서 '48시간 안에 창업하기'를 주제로 강연에 나섰다. 250여 명이 강연장을 가득 메우며 뜨거운 관심을 보였다.

그는 "집에서 창업에 나서는 일의 장점은 많은 자본이 없더라도 시작할 수 있는 것"이라며 "본인이 관심 있는 소재여야 성공할 확률이 올라간다는 점을 명심해달라"고 말했다. 그가 창업에 나선 아이템은 스코틀랜드 글래스고 방식의 전통 잼이었다. "식품에 관심이 많아 창업에 나섰지만 처음에는 동네 수퍼마켓에조차 입점하지 못했다"며 "가족이나 친지가 아닌 소비자의 의견을 반영해나가는 것이 식료품 사업에서 중요하다"고 강조했다.

그가 쓴 책에서 말하는 '48시간'은 주말 이틀을 말한다. 그는 "누구라도 가까이에 좋은 창업 아이템을 두고 있다"며 "하지만 제품화, 포장, 유통판로 등은 실제 창업에 나서보지 않으면 알기 어렵다"고 말했다. 그가 창업에 나선 방법은 비슷했다. 하얀 종이를 꺼내두고 관심사, 취미를 써 내려갔다. 그는 "창업 아이템을 고민할 때 가장 중요한 것은 자신이 좋아하는 일을 사업화하는 것"이라며 "창업은 한 번에 성공하기 어렵기 때문에 좋아하는 분야에서 시작해야 꾸준히 실패를 딛고 일어설 수 있다"고 지적했다. 좋은 사업 아이템은 이미 남들이 다 하고 있다는 생각은 하지 말라고도 조언했다. "발명될 것은 다 발명됐다고들 말하지만 여전히 세상에는 새롭게 발명되는 물건이 넘쳐난다"고 지적한다.

창업에 나서는 이들이 공통적으로 겪는 두려움에 관해 언급하기도 했다. "사람들은 새로운 일을 시작하는 그 시점부터 남들의 비웃음이나 실패를 걱정한다"며 "걱정하기보다는 우선 일주일가량 직접 아이디어를 시도해보는 것이 중요하다. 시도해봐야 배울 수 있는 점이 있기 때문"이라고 말했다. 도허티는 슈퍼잼으로 성공을 거뒀지만 레스토랑 예약 서비스 등 실패 경험도 있다.

세상은 독창성을 강조하지만, 모든 창업이 독창적일 필요는 없다는 주장도 덧붙였다. 그는 "모든 비즈니스가 새로운 것을 발명해야 하는 것은 아니다. 기존에 해오던 비즈니스 방식을 조금만 바꾸는 것도 좋다. 우리가 좋아하는 것을 백지에 써 내려가며 브레인스토밍

brainstorming(생각 펼치기)하는 것부터 시작하면 된다"고 말했다.

도허티는 수제맥주 브랜드 'B52'도 운영하고 있으며, 도시에서 직접 만든 꿀 '슈퍼허니'도 판매하고 있다. 그는 "고객들은 스토리가 있으면서도 좋은 품질의 식품에 관심이 많다"며 "수제맥주, 커피, 잼 같은 식료품 시장에 도전한 것은 이런 이유 때문"이라고 설명했다. 슈퍼잼은 설탕을 넣지 않고 과일 원액을 줄여 단맛을 내는 고유의 방식으로 소비자를 사로잡았다. 국내에서는 출시 6년을 맞았으며 SSG 몰을 비롯한 온·오프라인 매장에서 구매할 수 있다. 롯데홈쇼핑에 직접 출연해 '슈퍼잼'을 직접 판매하는 등 여전히 열정이 넘친다.

2018년 10월 도허티는 북한을 직접 방문하기도 했다. 그는 "여행 비자를 발급받아 북한의 맥주를 맛보러 직접 평양을 방문했다"며 "이런 식으로 전 세계를 돌며 수천 가지의 수제맥주를 먹어보고 제품에 반영하고 있다"고 말했다. 북한 맥주의 맛에 관해 그는 "북한 방문이 흥미롭고 재미있었지만 맥주 맛은 기대 이하"라며 "한국에서 맛본 수제맥주가 훨씬 맛있다"고 감회를 밝혔다. 그는 한국에서 네 곳의 양조장을 방문해 다양한 맥주를 시음했다. 그는 "한국 맥주의 고유한 성격을 담은 맥주를 영국에서 론칭하기 위해 협업 중"이라며 "한국의 맥주가 영국에서 얼마나 인기를 끌지 기대해도 좋다"고 덧붙였다.

슈퍼잼은 어떤 면에서 보면 흔한 잼 브랜드에 불과할 수도 있다. 다른 사업자의 추격이 고민되지는 않을까. 도허티는 민감한 질문에 오히려 웃으며 답했다.

"모든 사업이 고유하고 독창적인 생각으로만 가득 차 있지는 않습니다. 다른 사업과 비슷할 수도 있죠. 하지만 남들이 우릴 따라 해도 베낄 수 없는 건 고유한 브랜드 스토리입니다. 아무리 맛있는 잼을 만들어도 '슈퍼잼'이 가진 할머니와의 이야기, 제가 창업에 나서 고생한 스토리를 담아내지는 못하잖아요."

유럽 유니콘 기업 창업가의 비법노트

마틴 빌리그 택시파이 공동창업자 외

마틴 빌리그는 지난 2013년 에스토니아 승차공유 스타트업 택시파이를 친동생 마커스 빌리그 택시파이 최고경영자와 공동창업했다. 이후 마커스 대표는 서비스와 기술개발을, 마틴 공동창업자는 재무, 회계, 법무, 규제정책 등 다방면을 이끌어왔다. 마틴과 마커스 형제는 창업 5년 만에 택시파이를 기업가치 10억 달러가 넘는 '유니콘'으로 성장시켰다. 택시파이는 현재 세계 27개국에서 400만 명이 넘는 사용자 회원과 50만 명이 넘는 등록 운전기사를 확보하고 있다. 현재 택시파이는 아프리카와 동유럽 지역 시장에서 우버를 누르고 승차공유 시장을 이끌고 있다. 캐롤리 힌드릭스는 〈포브스〉가 뽑은 올해의 10대 기술 보유 중소기업인 국제 고용업체 자바티칼Jobbatical의 창업자 겸 CEO다.

아프리카 대륙에서 우버를 이긴 스타트업. 창립 5년 만에 기업가치 10억 달러가 넘는 '유니콘'으로 등극한 회사. 인터넷 화상전화 '스카이프' 창업 성공 신화로 유명해진 에스토니아가 배출한 또 다른 창업 성공 신화.

2013년 설립 이후 현재 전 세계 27개국·39개 도시에 진출해 누적 1,000만 명이 넘는 사용자와 50만 명이 넘는 운전기사를 확보한 승차 공유 기업이 바로 '택시파이Taxify'다.

제19회 세계지식포럼을 찾은 마틴 빌리그Martin Villig 택시파이 공동창업자는 택시파이가 빠른 시간에 '유니콘'으로 성장한 비결은 '플랫폼의 효율성'과 '지역별 맞춤형 서비스'에 있다고 강조한다.

택시파이는 설립자인 마커스 빌리그Markus Villig가 19세에 단돈 200유로(약 26만 원)로 회사를 세우며 시작했다. 마커스의 친형인 마틴 빌리그는 과거 6개의 기업을 창업하고 다양한 기업에서 근무한 경험을 토대로 공동창업자로 택시파이에 합류했다.

택시파이는 우버보다 아프리카 시장에 2년이나 늦게 진출한 후발주자였지만 유연하고 효율적인 방식으로 시장을 지배할 수 있었다. 도로 인프라스트럭처가 열악한 아프리카 지역에서 오토바이 서비스를, 3륜차가 대중적인 인도에서는 3륜차 서비스를 제공했다. 직접 차량을 보유하지 않는 우버와 달리 택시파이는 필요한 경우 직접 보유한 차량을 빌려주는 사업 모델을 가동하기도 했다.

이 밖에도 사전에 얼굴인식 기능 등을 활용해 운전기사의 신원을 확인해야 하는 절차가 있던 우버와 달리 택시파이는 간단한 등록 절차만으로 택시파이 플랫폼에 운전기사로 참여할 수 있게 했다. 모바일 결제나 신용카드 결제가 보편화되지 않은 사하라 이남 지역에서는 현금 결제도 가능하도록 맞춤형 전략을 펼쳤다.

수수료를 낮춘 건 개발도상국 시장선점의 결정적인 비결이었다. 사하라 이남 아프리카에서 우버의 수수료 25%보다 낮은 15%를 책정한 택시파이는 더 많은 소득 기회를 운전기사에게 제공하며, 플랫폼 자체의 매력도와 참여도를 끌어올릴 수 있었다. 기존 택시업계까지 플랫폼에 포함시켜 이해관계자 집단인 택시업계의 반발도 완화시켰다.

2018년 8월 〈월스트리트저널〉에 따르면 사하라 이남 아프리카 시장에서 월간 활성 사용자는 우버가 130만 명인 데 반해 택시파이는 240만 명을 돌파해 지역 내 1위 사업자 입지를 다졌다. 2017년 택시파이가 플랫폼을 통해 벌어들인 총매출액은 약 10억 유로(1조 3,191억 원)에 달한다. 2016년 전년 대비 6배 성장했다.

매력적인 '유니콘'이 된 택시파이에 자연스레 막대한 규모의 투자유치가 뒤따랐다. 2017년 7월 외신 등에 따르면 중국 최대 승차공유 업체

디디추싱이 수천만 달러를 투자했다고 알려진 데 이어 벤츠의 모회사 다임러그룹에서 약 1,900억 원을 2018년 5월에 투자했다. 투자유치 이후 택시파이는 프랑스 파리를 시작으로 최근 전기스쿠터 '볼트' 서비스를 새로 출시하는 등 '서비스로서의 모빌리티MaaS: Mobility as a Service' 플랫폼 기업을 향해 한 걸음 더 다가섰다.

마틴과 마커스 형제는 인구 50만 명이 사는 에스토니아 수도 탈린에서 택시파이를 창업했다. 그들이 창업을 선택한 계기는 탈린 시내에서만 30여 개 택시업체가 난립하면서 택시 이동이 비효율적이고 개선할 여지가 많다는 점을 깨달은 이후였다. 마틴 빌리그는 처음에는 택시 호출 서비스로 시작해 점차 개인 수요에 최적인 모빌리티(이동성) 서비스로 확장해나갔다.

마틴 빌리그는 '효율성'을 기반으로 한 '지역화'라 아프리카에서 우버보다 더 많은 도시에서 서비스를 제공하는 기반이라고 말한다. 효율적인 플랫폼 운영으로 비용을 업계에서 가장 낮은 수준으로 맞춘 택시파이는 저렴한 수수료에서도 적정 이윤을 확보할 수 있다. 또한 낮은 수수료는 운전기사들에게 더 높은 소득을 올릴 기회가 되기에 운전기사들이 활발하게 플랫폼에 참여할 수 있다. 이에 따라 서비스의 질과 영역이 확대되면서 더 많은 승객이 택시파이 플랫폼을 찾는 선순환 효과가 일어났다. 앞으로도 택시파이의 사업 방향은 지역별 시장에서 최고의 기업이 되는 것이다.

통상 '독립형 일자리 경제'로 번역되는 '긱 경제Gig Economy'에선 디지털 플랫폼상에서 누구나 자유롭게 자신의 역량을 사용해 일자리와 소득을 창출할 수 있다. 택시파이가 택시부터 오토바이, 3륜차, 전기 스쿠터에 이르는 다양한 이동수단을 서비스하려는 이유도 최근 긱 경제 대표 사례인 '모빌리티 서비스 산업'의 성장을 바라보고 있기 때문이다.

평균적인 유럽인들은 매일 출퇴근에 38분을 소모한다. 자가용 자동차로 통근한다면 하루 24시간 가운데 실제로 자가 차량을 쓰는 시간은 5%에 불과하다. 소유주에게도 낭비고 도시로선 주차 공간의 낭비다. 마틴 빌리그는 자율주행차 시대가 오면 모빌리티 서비스 플랫폼에 가장 먼저 적용될 것이라 예견한다.

비록 승차공유 산업이 글로벌 공유경제 산업을 선도하고 있지만, 업계 눈앞에 닥친 규제 환경은 결코 우호적이라고 보긴 어렵다. 우버는 2013년 한국에 자가용 승차공유 서비스 '우버X'를 출시했지만, 택시업계 반발과 서울시 규제로 인해 2015년 사업을 철수했다. 1961년 제정된 여객운수사업법은 일부 개정을 거쳤음에도 여전히 승차공유 산업을 '합법'의 영역으로 받아들이지 않고 있다.

마틴 빌리그는 공유경제 기업들이 기술개발과 별도로 혁신의 가치와 이해관계자 설득에 나서야 비로소 새로운 서비스가 가능하다고 말한다. 그는 "현재 우리가 할 수 있는 일은 기술개발과 동시에 정치인들에게 혁신이 무엇이고, 왜 혁신을 법제화해야 하는지 설명하는 일"이라며 "기술이 아닌 낡은 규제가 모빌리티 혁신을 가로막고 있고, 낡은 규제로는 새로운 모빌리티 서비스를 포용할 수 없다"고 전한다.

낡은 규제로는 새로운 디지털 노마드nomad(유목민) 시대에 국가경제 발전에 성공하기 어렵다는 점에는 전문가들도 대체로 동의한다. 제 19회 세계지식포럼에 참가한 캐롤리 힌드리크스Karoli Hindriks 자바티 컬Jobbatical CEO는 에스토니아에서 '디지털 노마드 비자' 프로젝트를 출범시키면서 글로벌 인재 유치의 선봉장으로 나서고 있는 인물이다.

에스토니아는 2015년부터 개인 사업자도 고용주 후원 없이 비자를 취득할 수 있도록 투표권을 제외한 모든 권리를 내국인 수준으로 보장하는 '전자시민권(e-레지던시)'을 발급하고 있다. 이른바 '디지털 노마드 비자'다. 사업 허가증과 은행 잔고 증명서, 세금 내역서만 내면 된다. 일정 자격만 갖추면 에스토니아에 물리적으로 거주하지 않아도 전자시민권을 받을 수 있는 셈이다.

힌드리크스 CEO는 "우리는 새로운 '인력이동의 시대'를 맞이하고 있다"며 "익숙한 고정관념을 깨고 국경이 없는 세상을 만들어야 숙련된 전문인력 유치 경쟁에서 살아남을 수 있을 것"이라고 말했다. 기업도 국가도 플랫폼 자체 경쟁력을 키워야 비즈니스와 인재전쟁에서 생존할 수 있다는 걸 시사한다.

에어비앤비: 공유된 경험의 생태계

마이크 오길 에어비앤비 아시아·태평양 정책 총괄대표

마이크 오길은 에어비앤비 아시아·태평양 지역에서 공유경제 정책 활성화와 각국 정부 협력을 이끌어내는 일을 전담하고 있다. 미국 스탠퍼드대학교 국제지역학 학사 과정을 마치고 2009년 미국·아세안사업협의회US-ASEAN Business Council 선임 매니저로 워싱턴DC에서 활동했다. 당시 그는 미국 기업들과 협력해 싱가포르, 인도네시아, 말레이시아 등 국가와 다양한 무역·투자 관련 논의를 이끌었다. 2011년부터 구글에 합류해 2014년까지 구글 남아·태 지역 정책 대표로서 베트남, 인도네시아, 미얀마 등의 국가에서 데이터 보호, 보안, 온라인 언론 자유, 국경 간 데이터 흐름 등 인터넷과 기술정책 관련 업무를 맡았다. 그는 정책 총괄 이전에 에어비앤비 팬으로서 휴가나 출장 때 새롭고 신선한 경험을 찾아 게스트가 되곤 한다. 한국 특유의 '정情' 문화가 에어비앤비와도 잘 어울린다고 평가한다.

나무 위에 지은 오두막, 미국 알래스카의 이글루부터 대도시의 세련된 호텔까지 모두 경험할 수 있는 세계 1위 공유숙박 플랫폼 에어비앤비. 그 시작은 2007년 미국 샌프란시스코 페어몬트 호텔에서 열린 미국 산업디자인협회 콘퍼런스에서 출발했다. 콘퍼런스 참석자들로 인해 호텔 객실이 매진되자, 에어비앤비 공동창업자인 브라이언 체스키Brain Chesky와 조 게비아Joe Gebbia는 자신들의 아파트 바닥에 에어매트리스를 깔고 숙박과 아침식사를 제공하자는 사업 아이디어를 떠올렸다. '에어베드앤블랙퍼스트Airbedandbreakfast'가 공유숙박 사업을 시작하게 된 순간이다.

제19회 세계지식포럼에서 '에어비앤비: 공유된 경험의 생태계' 세션 연사로 나선 마이크 오길Mike Orgill 에어비앤비 아시아·태평양 정책 총괄대표는 "에어비엔비는 로봇이 아닌 사람에게 관심을 갖는다"며 "전통적인 파이프라인 비즈니스 모델처럼 기업과 공급자와 고객 대신 호스트(집주인)와 게스트(방문객)를 개인 간P2P으로 잇는 총체적 플랫폼 모델"이라고 소개했다.

오길 대표는 에어비앤비가 첫 손님부터 호스트와 게스트의 즐거운 상호작용으로 출발했다고 소개했다. 체스키와 게비아가 처음으로 받은 손님은 보스턴에 사는 30대 디자이너 캣, 유타 주에서 온 다섯 아이의 아버지 마이클, 애리조나대학교 산업디자인 석사 과정 졸업생이자 인도 출신 수르베 등 3명의 전문 디자이너들이었다.

2008년 설립된 이후 에어비앤비는 현재 전 세계 191개국 8만 1,000개 도시에 진출해 500만 개 숙소 명단을 보유하고 있다. 기업가치만 약 300억 달러(약 34조 원)에 달한다. 세계 최대 호텔 체인인 인터컨티넨탈 호텔이 65년간 쌓은 실적을 단 4년 만에 달성했다.

에어비앤비는 과거의 대량생산되고 인간미 없던 여행을 호스트와 게스트를 커뮤니티로 묶고 신뢰관계를 형성하도록 했다. 이를 플랫폼과 기술로 구현한 게 기존 유사 서비스들과 다른 점이었다. 오길 대표는 "에어비앤비는 현지에서만 경험할 수 있는 것을 제공하려고 한다"며 "내가 한국에서 만난 호스트로부터 정을 느낄 수 있었던 것처럼 오늘날 여행색들은 시역 득색을 살린 진정싱 있는 경험을 찾는다"고 밀했다.

에어비앤비의 주력 고객층은 밀레니얼 세대Millennials Generation다. 오길 대표에 따르면 지금까지 에어비앤비를 사용한 모든 고객의 약 60%가 밀레니얼 세대다. 이들은 유행을 선도하는 세대이면서 여행 방식도 바꿔나가고 있다. 이들은 독특하고 창의적이고 진정성 있는 체험을 원한다.

한국에서 에어비앤비를 사용하는 사람들은 어떤 이들일까. 에어비앤비 한국 관련 통계를 분석하면 약 62%는 여성고객이고 평균 2.8명의 일행이 2.8일간 여행을 한다. 특히 2016년 이후로는 국내 에어비앤비 사용자의 절반 이상이 한국인이다. 2018년 1월 1일 기준으로 전국 에어비앤비 숙소는 3만 7,100곳이다. 2017년 에어비앤비를 방문한 게스트는 188만 8,000명에 달한다.

진정성 있고 지역 특색을 살린 체험을 위해 최근 에어비앤비가 투자하고 있는 분야는 '트립Trip'이란 새로운 여행상품이다. 지역 전문가와 함께 일본에서 사무라이 검도를 배우거나 호주 뇌과학자와 함께 자신의 뇌를 탐구해보는 독특한 활동을 해볼 수 있다. 현재 40개 이상 지역에서 3,100개 이상의 트립 상품이 운영되고 있다.

오길 대표는 "에어비앤비 플랫폼에서는 모두 호스트인 동시에 게스트가 될 수 있다"며 "관건은 당신이 무언가에 대한 열정을 갖고 이를 현금화하는지의 문제"라고 전했다. 실제로 오길 대표의 지인인 한 사진작가는 한국을 게스트로 방문하면서 사진촬영 체험을 제공하는 전문가로 활동하며 '트립' 상품을 호스트로서 경험할 수 있었다.

에어비앤비를 비롯해 우버와 같은 많은 글로벌 공유경제 유니콘 기업들이 주목받는 이면에는 기존 규제 및 이해관계자 집단과 충돌하는 문제가 놓여 있다. 우버는 택시업계와 갈등을 빚은 끝에 2015년 일반인 차량공유 서비스 '우버XUberX' 사업을 한국에서 철수시켰고 에어비앤비는 '공유민박업' 신설에도 불구하고 여전히 도심 지역에서 내국인을 대상으로 한 에어비앤비는 불법이다.

에어비앤비가 선택한 전략은 규제당국자와 이해관계자 집단까지

에어비앤비 플랫폼과 커뮤니티의 일원으로 포용하는 길이다. 오길 대표는 "기본적인 규제는 필요하다"며 "에어비앤비는 서로 다른 규제당국의 요구에 맞춤형으로 대응하고 있다"고 말한다. 협상과 대화로 우선 풀어나가되, 로비 단체나 일부 집단의 이권보다는 호스트와 게스트들의 의견에 귀를 기울일 것을 촉구하고 있다. 물론 세금과 치안 관련 문제에 대해서는 전적으로 세무당국, 경찰당국과 협조하고 있다. 이를 위해 2013년부터 자체 개발한 인공지능과 머신러닝 알고리즘을 이용해 호스트와 게스트들이 사전에 위험을 인지하고 필요시 가동되는 긴급 대응팀도 운영하고 있다.

에어비앤비는 경쟁자로 흔히 거론되는 기존 호텔업체들과는 오히려 더 큰 시장 기회를 잡아 윈윈 관계를 만들어가자고 제안한다. 에어비앤비는 그저 플랫폼에 여행자들을 위한 다양한 선택권을 제공하면 된다는 게 기본 입장이다. 오길 대표는 "에어비앤비는 호텔과도 함께 일해야 하며, 이미 플랫폼에 전 세계의 다양한 호텔이 참여하고 있다"며 "독특하고 진정성 있는 경험을 선사할 수 있는 호텔이라면 대환영"이라고 강조했다. 전체 여행·숙박 산업에 경쟁 대신 거대한 기회가 놓여 있다는 설명이다.

에어비앤비가 지역 특색을 살린 체험을 강조하면서 그간 표준화된 여행·관광·숙박 산업에서 소외되던 지역들도 활성화될 기회를 얻게 됐다. 인도 구자라트 외곽 지역의 가난한 동네에서 소금을 채취하던 여성 자영업자들이 에어비앤비 플랫폼에 참여하자, 여성 호스트 1명이 한 달간 벌어들인 소득만으로 다른 가족 일원이 1년간 버는 수입보다 더 많이 얻을 수 있었다고 오길 대표는 전했다.

딜로이트가 지난 2017년 뉴질랜드에서 수행한 연구에 따르면 140만 명의 게스트가 7억 8,100만달러를 소비했고 6,006개의 신규 일자리가 창출됐다고 조사됐다. 오길 대표는 "공유숙박을 통해 전통적인 관광에서 소외된 개인과 지역사회에 이득을 분배해줄 수 있다"며 "지금 '슈퍼 호스트'가 에어비앤비 플랫폼에서 나오고 있는 것처럼 앞으로 '슈퍼 전문가'들이 나와 다양하고 진정성 있는 체험을 선사할 것"이라고 전한다.

임파서블푸드:
빌 게이츠, 리커싱이 주목한 푸드테크

닉 할라 임파서블푸드 해외사업 대표

닉 할라 임파서블푸드 인터내셔널 비지니스(해외사업) 대표는 설립 초창기에 합류해 임파서블푸드가 국제적으로 성장할 수 있도록 돕는 역할을 하고 있다. 임파서블푸드에 합류하기 전에는 식품회사 제너럴밀스에서 식품 상업화 전문가로 일했다. 할라 대표는 미네소타대학교에서 화학공학을 전공했고 이후 스탠퍼드대학교 MBA 및 지구환경공학부 석사를 졸업했다. 파비안 슈바츠만 에어로팜스 기술개발 총괄은 농업과 IT를 결합한 애그리테크 스타트업 에어로팜스를 맡고 있다. 전 세계 도시에서 실내 수직농장을 운영하며 농업 분야의 혁신을 이끌고 있다. 이정훈 CEO는 마이크로 스케일 센서를 이용해 혁신적인 정밀농업 솔루션을 제공하는 하이테크 농업 스타트업 텔로팜Telofarm의 창업자다.

"우리가 처음 회사를 만들 때의 목표는 '우주에서 바라보는 지구의 모습을 바꾸자'였다. 소고기의 맛을 그대로 재현한 식물성 버거로 가축의 수를 줄여 환경을 보호하려고 했다."

서울 장충아레나·신라호텔에서 개최된 제19회 세계지식포럼의 마지막 날, 닉 할라Nick Halla 임파서블푸드 해외사업 대표는 '임파서블푸드: 빌 게이츠, 리커싱이 주목한 푸드테크' 세션에서 축산업의 잠재적 위험을 설명하며 식물성 버거가 지속가능한 식품이라 강조했다. 육류 소비를 위해 키우는 소가 엄청난 양의 풀과 물을 소비하면서 이산화탄소를 배출한다는 점을 감안하면 식물성 재료로 고기를 완전히 대체할 때 많은 자원이 사람들과 야생동물에 돌아갈 수 있다는 뜻이다.

임파서블푸드는 소고기를 쓰지 않고도 소고기 맛을 완벽히 재현하는 불가능해 보이는 과제에 도전했다. 실리콘밸리의 푸드테크 기업답게 분자화학을 활용했다. 창업자 팻 브라운 스탠퍼드대학교 생화학과 교수는 헴Heme 분자에서 고기 맛의 해답을 찾았다. 헴 분자는 우리 몸에 산소를 공급하고 피를 붉게 보이는 헤모글로빈을 구성하는 분자다.

콩에서도 뽑아낼 수 있다. 임파서블푸드는 효모배양 방법으로 헴 분자를 대량생산했다. 그렇게 해서 2년 전 고기처럼 붉고, 육즙이 흐르는 식물성 햄버거 패티가 나왔다. 할라 대표는 "블라인드 테스트 결과 참가자 대부분이 임파서블푸드의 식물성 버거와 고기 버거가 맛의 차이가 없다고 답했다"고 말했다. 미국 식품의약국도 2018년 6월 임파서블푸드의 버거가 안전하다고 승인했다. 임파서블푸드가 제시하는 지속가능한 환경을 위한 비전에 주목해 빌게이츠재단, 리커싱의 청킹그룹, 구글벤처스, 싱가포르 테마섹 등 여러 기관투자자가 임파서블푸드에 투자했다.

흔히 식물성 버거가 채식주의자들을 주 고객으로 할 것이란 고정관념에도 도전했다. 채식주의자가 고기를 먹지 않기 위해 어쩔 수 없이 섭취하는 식물성 버거가 아니라 고기를 즐기는 사람이 정말 고기맛이 나서 먹는 버거를 만들어야 한다는 생각에서다. 채식주의자만으로는 시장의 규모가 너무 작고 확장성이 없다는 현실적인 제약도 있었다. 세션 후 인터뷰에서 소비자가 임파서블푸드를 찾는 이유를 묻는 질문에 할라 대표는 "환경을 위해서도, 채식을 위해서도 아니고 임파서블푸드 버거가 맛있어서"라고 말했다.

현재 임파서블푸드는 미국 화이트캐슬, 애플비 등 여러 버거 레스토랑에 버거 패티를 공급하고 있다. 2017년엔 홍콩의 유수 레스토랑에도 진출했다. 할라 대표는 "미국에서 임파서블푸드가 성공한 후 캐나다나 유럽처럼 햄버거 문화가 널리 퍼져 있는 곳을 타깃으로 삼아야 한다는 지적도 있었다"면서 "우리는 전 세계 육류 소비의 40%를 차지하는 아시아 시장을 선점해야 한다고 생각했고 미식의 도시 홍콩이 아시아 진출 교두보가 됐다"고 말했다.

할라 대표는 '임파서블푸드가 어떤 글로벌 전략을 가지고 있느냐'는 질문에 대해서는 "세계 여러 나라에서 주로 어떤 사료를 먹이느냐에 따라 고기 맛이 다르다는 것을 알고 있다"면서 "임파서블푸드의 저력은 다양한 지방 비율과 맛의 식물성 패티를 뽑아낼 수 있다는 플랫폼을 가진 것"이라고 설명했다.

임파서블푸드가 식물성 재료로 지속가능한 발전을 모색하려고 했다면 최근의 스마트팜, 스마트푸드는 데이터와 IT 기술을 통해 지속가능한 농업과 미래를 구체화하고 있다.

'스마트팜, 스마트푸드' 세션에 참석한 이정훈 텔로팜 사장, 파비안 슈바츠만Fabian Schvartzman 에어로팜스 기술개발 총괄, 마이크 피터슨Mike Petersen 뉴질랜드 농업특사는 세계적인 식량난을 4차 산업혁명의 핵심인 데이터와 첨단 IT로 극복해야 한다고 입을 모았다. 뉴질랜드 농업 산업의 리더인 피터슨 특사는 "세계인구가 폭발적으로 늘어나는 반면 토양은 황폐화되고 수자원은 갈수록 부족해지고 있다"며 "지속가능하지 않은 농업이 계속된다면 절대빈곤과 굶주림에 시달리는 인류가 많아질 것"이라고 경고했다. 세 사람은 첨단기술을 기반으로 하는 새로운 농업을 대안으로 제시했다. 바로 분산 농업, 수직 농업, 친환경 농업 등이다. 먼저 스마트팜 기업 텔로팜의 이정훈 사장은 '분산 농업'을 소개했다. 그는 "중앙집중적 대형 농장이 쏟아내는 화학비료가 토양 악화의 주범"이라며 "농업 역시 분산돼 누구든 마음만 먹으면 홀륭한 농부가 될 수 있어야 한다"고 주장했다.

서울대학교 공대 교수이기도 한 이 사장은 빅데이터가 분산 농업을 실현시킬 것으로 봤다. 농작물을 재배하는 방법을 쉽게 알게 되면 일반인도 생산성이 높은 마당에서 농부가 될 수 있다는 의견이다. 그는 "땅에 꽂기만 하면 적정 습도, 햇빛, 온도 등을 알려주는 모니터링 기기가 개발되고 있다"며 "가까운 미래에 편의점에서도 이런 첨단 IT 기기를 살 수 있을 것"이라고 전망했다.

'수직 농업'은 슈바츠만 총괄이 제시한 미래 농업의 형태다. 에어로 팜스는 농업 IT 스타트업으로 전 세계 도시에서 실내 수직 농장을 운영하며 혁신을 이끌고 있다. 슈바츠만 총괄은 "자체 조사 결과 수직 농장이 외부 농장보다 에이커당 생산량이 390배 효율적인 것으로 나타났다"며 "사물인터넷 장치를 통해 매일 엄청난 데이터가 쌓이고 있기 때문에 향후 생산성은 더 높아질 것"이라고 주장했다. 이어 그는 "농작물을 층층이 쌓아 올린 수직 농장은 면적을 크게 차지하지 않아 도심에서도 충분히 운영할 수 있다"며 "근접한 곳에서 생산된 싱싱한 식품이라는 경쟁력이 있다"고 설명했다.

피터슨 특사는 신기술이 친환경 농업의 성공 가능성을 높인다고 말했다. 뉴질랜드는 1년 내내 목초가 자라 대부분 농가가 가축을 자연 방목한다. 이럴 경우 환경적 변수가 많다는 문제가 생긴다. 대형 목장을 운영하고 있기도 한 피터슨 특사는 "최근 뉴질랜드 농장에도 사물인터넷이 적용돼 토지 영양분을 측정하거나 로보틱스 센서가 가축의 건강 상태를 체크하는 일이 많아지고 있다"면서 "신기술이 도입되며 자연적으로 생산되는 제품의 품질이 훨씬 좋아지고 있다"고 말했다.

　　그는 세계적으로 고품질 식품에 대한 수요가 높은 만큼 기술을 활용한 친환경 농업의 미래가 밝다고 단언했다. 뉴질랜드가 세계에서 가장 고립돼 있던 국가 중 하나에서 성공한 무역국가로 도약할 수 있었던 비결 역시 고부가가치 식품에 있다고 했다. 피터슨 특사는 "뉴질랜드 농식품은 깨끗하고 건강하다는 인식이 전 세계에 퍼져 있어 농업 수출이 계속 늘고 있다"고 덧붙였다.

MLB를 넘어선 e스포츠

잭 하라리 액티비전 블리자드 e스포츠 리그 인터내셔널 파트너십 부사장

잭 하라리 부사장은 북미를 제외한 전 세계 지역에서의 액티비전 블리자드 e스포츠 리그의 상업화를 이끌고 있다. 하라리 부사장의 주요 업무에는 스폰서십, 미디어 배급 및 제품 라이선싱 등이 포함된다. 액티비전 블리자드 e스포츠 리그에 조인하기 전 그는 미국 프로농구협회NBA에서 약 5년간 근무하며 해당 리그의 마케팅 파트너십을 위한 인터내셔널 사업개발을 이끌었으며 그 전에는 중국에서 3년간 사업개발 수석이사를 역임했다. 그는 또한 CBS TV에서 스포츠 미디어 세일즈를 담당한 바 있으며 뉴욕 소재 옴니콤에서 처음 커리어를 시작했다. 김준호 인텔코리아 상무, 손도현 트위치 비즈니스 개발 디렉터, 위정현 중앙대학교 교수 겸 한국게임학회 회장도 함께 참여했다.

"1억 명의 시청자 중 18~34세 비율이 69%에 달합니다. 이만큼 많은 젊은 층을 마케팅에 활용할 수 있는 것은 전 세계에서 블리자드의 오버워치 리그가 유일합니다."

일본 도요타 기업은 아저씨들이나 타는 '엉클 카'라는 이미지 때문에 고민이 많았다. 차의 품질과 내구성은 매우 뛰어나지만 젊은 층이 선호하는 이미지, 디자인을 갖추지 못했기 때문에 생긴 별명이다. 이를 해결하기 위해 도요타가 고안한 뉴 마케팅은 젊은 잠재고객에게 도요타의 재미있고 활기찬 기업 이미지를 강조하는 것이다. 7,000만 명의 34세 이하 시청자, 전통 마케팅 시장에 집중하던 도요타가 블리자드의 슈팅게임 '오버워치' 글로벌 리그에 마케팅 스폰서로 참여한 이유다.

세계지식포럼에 참가한 잭 하라리Jack Harari 액티비전 블리자드 e스포츠 리그 인터내셔널 파트너십 부사장은 2016년 블리자드가 내놓은 슈팅게임 오버워치의 글로벌 리그가 스포츠 중계의 새로운 지평을 열었다고 자부했다. 하라리 부사장은 액티비전 블리자드 e스포츠 리그의 상업화를 이끌고 있다. 하라리 부사장의 주요 업무에는 스폰서십, 미디어 배급 및 제품 라이선싱 등이 포함된다.

그는 "과거의 스포츠 중계는 경기시간에 맞춰 TV를 뚫어져라 쳐다보는 것이 전부였다"며 "오버워치 리그는 프로 선수와 시청자 사이의 소통이 가능할 뿐만 아니라 세계에서 가장 젊은 시청자를 갖췄다"고 강조했다. 블리자드 조사에 따르면, 미국 PGA 투어의 시청자 평균연령은 64세인 데 반해 오버워치 리그는 24세에 불과하다. 〈월스트리트저널〉이나 〈뉴욕타임즈〉 등 해외 매체에서도 오버워치 리그의 성장성에 관심을 보이고 있다.

액티비전 블리자드의 슈팅게임FPS 오버워치는 2016년 출시돼 2018년 처음으로 '오버워치 리그'를 운영했다. 오버워치 리그는 뉴욕, LA, 런던 등 전 세계 12개 도시에 연고지를 둔 팀들이 경쟁해 우승팀을 가린다. 2019년에는 팀을 20개로 늘릴 계획이다. 매 경기는 온라인 스트리밍, 케이블 채널에서 생방송되며, 연고지별 시차를 고려해 진행하기 때문에 하루 종일 오버워치 경기를 관람할 수 있다.

서울에 연고를 둔 팀도 있다. '서울 다이너스티'는 중국계 미국인인 케빈 추Kevin Chou가 오버워치 대회인 APEX 시즌 3의 우승팀 '루나틱하이 오버워치 1팀'의 결승 멤버를 영입해 창단한 팀이다. 뉴욕 엑셀시어, 런던 스핏파이어 팀과 함께 모든 선수를 한국인으로 구성했다.

각 팀을 운영하는 회사는 우승 상금 외에도 콘텐츠 판매, 경기장 운영, 선수 관련 상품을 파는 등 수익을 창출한다. 2018년이 첫 시즌이었는데도 글로벌 시청자수는 1억 명을 기록했으며, 누적 재생시간은 1억 4,800만 시간에 달한다. 4,000만 명의 오버워치 이용자 중 95%가 지인과 함께 게임을 즐기기에 이용자 확장성도 좋다.

오버워치 리그의 성장성에 주목한 각종 기업이 오버워치 리그와 파트너십을 맺고 있다. 하라리 부사장은 "전통적인 스포츠에서만 후원사로 등장하던 도요타 자동차, 투르크 모바일 같은 기업들이 마케팅 파트너로 합류했다"며 "인텔, HP, 스포티파이 등 IT 관련 기업과의 협력도 이어지고 있다"고 설명했다. 전통 미디어 사업자도 오버워치 리그의 가능성을 보고 블리자드와 파트너십을 맺고 있다. 하라리 부사장은 "미국의 스포츠 채널 ESPN이 최고 인기 시간대에 오버워치 리그 결승전을 생방송했는데, 이는 e스포츠 최초"라며 "한국에서는 공영방송사 MBC가 케이블 채널을 활용해 중계에 참여한다"고 말했다.

액티비전 블리자드는 스타크래프트, 오버워치, 디아블로, 워크래프트 등을 개발한 블리자드가 콜오브듀티를 개발한 콘솔게임사 액티비전, 캔디크러시를 만든 킹디지털엔터테인먼트와 합해진 회사다.

블리자드의 게임 흥행은 생태계에 속한 많은 기업에도 좋은 영향을 준다. 김준호 인텔코리아 상무는 인텔의 하이엔드 칩셋 매출이 급격히 뛴 적이 있는데, 그 원인을 분석해보니 오버워치의 흥행으로 새 CPU 수요가 늘어서였다"며 "매출 외에도 AR, VR, 5G 등을 활용해 게임산업에서 시너지를 내기 위해 노력할 것"이라고 말했다.

게임 영상을 실시간으로 스트리밍하는 플랫폼인 트위치의 손도현 비즈니스 개발 디렉터는 "전통 스포츠는 선수와 팬이 소통할 수 없었지만, 트위치를 이용하면 실시간으로 대화를 주고받거나 플레이 방식을 제안할 수 있다"며 "프로게이머가 자신만의 콘텐츠를 만들고 추가

수익을 내도록 돕기에 생태계 확대에도 긍정적인 영향을 주고 있다"고 강조했다. 오버워치 리그는 중국을 제외한 전 세계에 트위치 플랫폼을 활용해 생중계하고 있다.

e스포츠가 진정한 스포츠가 아니라는 비판도 있다. 하라리 부사장은 "e스포츠가 아닌 전통 스포츠도 규칙의 개정은 빈번하게 일어난다"며 "최고의 기량을 가진 선수들이 모여 경쟁하고 이를 수천만, 수억 명이 지켜보는 것이 스포츠가 아니라고 할 수는 없을 것"이라고 말했다.

커지는 중국 시장에 관한 전망도 내놨다. 하라리 부사장은 "중국이 다른 국가보다 규제환경이 복잡하고 강력한 것은 사실"이라면서도 "오버워치 리그에 중국 연고지를 세 곳 추가하는 등 커지는 시장을 공략하기 위해 다양한 방법을 고민 중"이라고 덧붙였다.

행복에도 연습이 필요할까요

소냐 류보머스키 UC 리버사이드 교수

소냐 류보머스키는 캘리포니아대학교 리버사이드의 심리학 교수다. 하버드대학교 수석
졸업 후 스탠퍼드대학교에서 심리학 박사 학위를 취득했다. 시간의 흐름에 따른 행복의
변화를 연구한 공을 인정받아 UC 리버사이드 연구자상, 템플턴 심리학상을 받았다. 류
보머스키 교수의 저작 《행복도 연습이 필요하다 The How of Happiness》와 《행복의 신화
The Myths of Happiness》는 28개국에서 출간됐다.

"행복을 만드는 요소는 세 가지다. 첫 번째는 상황, 두 번째는 유전, 세 번째는 노력이다."

행복학의 대가 소냐 류보머스키Sonja Lyubomirsky UC 리버사이드 심리학 교수는 세계지식포럼의 마지막 날 장충아레나에서 열린 '행복에도 연습이 필요할까' 세션에서 행복에도 선천적인 요소와 후천적인 요소가 있다고 설명했다. 그리고 통제 가능한 여건과 불가능한 여건도 있다고 했다. 상황과 유전이 자기가 통제하기 어려운 요소라면, 노력과 연습은 자기가 얼마든지 바꿀 수 있는 여건이다. 그렇기에 행복하기 쉽지 않은 여건에서도 사람들은 얼마든지 행복할 수 있다는 것이 류보머스키 교수의 진단이다. 반면 어떠한 행복의 조건도 유통기간이 길지는 않다. 당연한 것이 돼버린 현재의 행복은 감가상각되면서 사람들을 불행하게 여기게 한다.

류보머스키 교수에 따르면 대부분의 사람이 행복을 주는 이벤트로 꼽는 결혼은 준비하는 과정부터 결혼 후 2년까지 행복감을 계속 상승하게 만들다 2년을 기점으로 행복감을 꺾이게 한다. 결혼 5년차가 되면 결혼이라는 것을 준비하기 전보다 오히려 불행해진다. 기간과 정도는 다르지만 출산, 취직, 복권 등 우리가 행복하기 위해 필요하다고 여기는 여러 가지가 정점이 있고 그 후로는 하락세를 겪는다는 점에선 대동소이하다.

그렇기에 행복을 오래 유지하기 위해선 '지금 현재'가 유한하지 않다고 생각하는 게 도움이 된다고 말했다. 가령 사랑하는 사람과 곧 이별을 해야 한다고 생각하면 현재의 관계에 느끼는 만족감과 감사하는 마음이 높아진다는 뜻이다.

실업이나 배우자 상실 같은 큰 불행들도 사람들이 겪어나가는 힘을 가지게 한다. 류보머스키 교수는 "그 무엇도 우리가 생각하는 것만큼 우리를 슬프게 하지는 않는다. 시련을 겪는 사람은 그 시련으로 많은 것을 얻었다고 생각한다"고 말했다.

그렇기에 행복의 여건을 만드는 것은 행복한 인생에 필요조건도 충분조건도 아니다. 류보머스키 교수는 행복을 유지시키는 요건이 무엇인지 알기 위해 여러 실험을 한 결과를 토대로 행복을 위한 연습으로 몇 가지를 제시했다.

첫 번째는 감사편지를 쓰는 것이다. 감사하는 편지를 쓰면 자신이 가지고 있는 것들을 돌아봐 행복하게 된다. 선생님이나 부모님에게 감사편지를 쓰면서 기대에 부응하는 사람이 되고 싶다는 생각이 들기 때문에 우리가 더 좋은 사람이 되게 하는 순기능도 있다. 류보머스키 교수는 "선생님께 감사편지를 쓰는 과정에서 기대에 부응하고 싶다는 생각을 하게 되고 이는 개인생활의 개선으로 나타난다"며 "특히 학기가 시작될 때쯤 동기부여돼 있는 상태를 유지하려면 감사편지를 종종 쓰는 것이 좋다"고 말했다. 다만 횟수가 많아지면 오히려 효과가 떨어진다. 앞서 말한 반복의 부작용 때문이다. 감사편지와 마찬가지로 다른 사람을 위한 일을 하는 사람들이 더 행복감을 느꼈다.

두 번째는 동기부여를 하는 것이다. 류보머스키 교수의 실험에 따르면 행복하기를 원하는 사람과 그렇지 않은 사람들 중에서 동기부여가 된 사람들의 행복감이 높았다.

마지막으로는 맞춤fit이 중요하다. 자신의 성격, 목표, 강점을 알고 거기에 맞춘 생활을 하는 사람일수록 행복감이 높았다. 불행의 원천과도 오히려 맞추는 사람들은 행복할 수가 있다.

우리 아이들을 행복하게 만들려면 어떻게 해야 할까. 류보머스키 교수가 밴쿠버에서 초등학교 4~6학년 아이들 415명을 대상으로 연구를 한 결과 친절 그룹과 통제 그룹으로 나누었을 때 친절 그룹이 더 행복해하고 친구들 사이에 인기도 더 많았다. 친절한 행동을 하도록 한 그룹 들이 아무런 지침을 받지도 않은 아이들보다 훨씬 행복하다는 이야기다. 왜냐하면 친절은 전염성이 있기 때문에 내가 친절을 베푼 친구들은 다시 친절로 돌아온다. 그 과정에서 행복과 선행의 선순환이 일어난다. 그리고 친구들 사이로부터 인정을 받는다는 것 자체가 행복감을 높이기 때문이다. 아이들이 행복하게 하기 위해 어른들의 적합한 개입이 필요하다는 얘기다. 착한 아이 만들기와 행복한 아이 만들기는 다른 것이 아니다.

행복을 모두가 추구하지만 행복에 집중한다는 것이 더 행복하게 만드는 건 아니다. 행복함의 정도를 계속 모니터링하고 몰두하면 실망을 할 수도 있다. 행복함을 인지하지 않아도 행복할 수 있다는 것이 류보머스키 교수의 조언이다. 그녀는 "나 역시 나 자신에게 너무 집중하다가 오히려 불행해졌던 개인적인 경험이 있었다"고 말했다.

행복에는 노력도 의지도 필요하지만 불행은 의외로 쉽다. 류보머스키 교수는 톨스토이의 소설 《안나 카레리라》의 유명한 첫 문장을 인용했다.

'행복한 가정은 모두 고만고만하지만 무릇 불행한 가정은 나름나름으로 불행하다.'

행복하기 위한 수많은 조건을 만족시키는 가정은 대부분 비슷하지만 불행한 가정은 행복에 이르지 못하는 수많은 장애물이 있다는 것이다. 류보머스키 교수는 "전쟁이 일어나는 불안정한 나라에 산다는 것, 가난, 의지할 사람이 없는 인간관계 등 사람들을 불행하게 하는 요인은 너무나 많다"며 "그렇기에 우리는 행복을 위해 연습하고 노력하고 행복해야 한다"고 세션의 끝을 맺었다.

카이스트, 뉴욕대학교 총장의
4차 산업혁명 시대 대학교육 해법

앤드류 해밀턴 뉴욕대학교 총장

앤드류 해밀턴은 뉴욕대학교 16대 총장이다. 과거 예일대학교 화학과 분과장 및 옥스퍼드대학교 총장을 역임하며 대학 내 소통을 강화하고 학과 간 연구교류를 활성화했다. 명망 있는 화학자이기도 한 해밀턴 총장은 연구 공로를 인정받아 아서 코프 상 Arthur C. Cope Scholar Award과 이자트-크리스티안센 상 International Izatt-Christiansen Award을 받은 바 있다. 예일대학교 교수 부임 전에는 피츠버그대학교와 프린스턴대학교에서 화학을 가르쳤다. 앤드류 해밀턴은 엑세터대학교에서 학사 졸업한 후, 브리티시컬럼비아대학교 석사 학위, 캐임브리지대학교 박사 학위를 취득했다. 신성철 카이스트 총장은 역량 있는 물리학자이자 한국의 과학기술 관련 정책 담당자다. 1989년부터 카이스트에서 근무하면서 부총장 등 주요 요직을 거쳤으며, 나노스핀닉스 분야 연구를 선도적으로 개척했다.

"급변하는 4차 산업혁명 시대에 대학은 학생들이 다섯 번째, 여섯 번째 직업을 가질 수 있도록 '지적 유연성'을 길러줘야 합니다."

앤드류 해밀턴Andrew Hamilton 뉴욕대학교 총장은 제19회 세계지식 포럼 '카이스트, 뉴욕대학교 총장의 4차 산업혁명 시대 대학교육 해법' 세션에서 이같이 역설했다. 해밀턴 총장은 "10년 뒤 세상이 어떻게 변할지 아무도 모르는 상황에서 대학이 단지 학생들의 첫 취업만을 도와줘선 안 된다"며 "어떤 상황이 오더라도 적응할 수 있게 평생 배움을 갈구하는 기본자세를 만들어줘야 한다"고 밝혔다.

해밀턴 총장은 세계적으로 저명한 화학자이자 영국 옥스퍼드대학교 부총장, 미국 예일대학교 학장을 지낸 대표적 대학 행정 전문가다. 옥스퍼드대학교와 예일대학교에서 대학교육을 혁신시킨 공로를 인정받아 2016년 1월 미국 사립 명문대학 중 하나인 뉴욕대학교의 제16대 총장으로 부임했다.

그는 지적 유연성을 길러주기 위해선 교육과정에 새로운 기술을 끊임없이 도입해봐야 한다고 말했다. 일례로 뉴욕대학교의 예술과 의학

교육혁신을 언급했다. 해밀턴 총장은 "4차 산업혁명은 예술의 세계를 엄청나게 바꿔놓았다"며 "시대 변화를 따라가기 위해 뉴욕대학교는 가상현실을 활용한 이야기 창작 수업, 모바일 게임 디자인 수업 등을 신설했다"고 설명했다. 이어 "의대에선 스마트폰을 사용해 신체 상황을 진단하는 법, 로보틱스를 활용해 수술하는 법 등을 가르치고 있다"며 "학생들이 기술 변화에 충분히 노출돼 실제로 사용하게끔 대학교육이 시의성 있게 변해야 한다"고 말했다.

교수들은 기술 변화가 사회에 미칠 영향을 다각도로 연구해야 한다고도 조언했다. 해밀턴 총장은 최근 노벨경제학상을 받은 폴 로머 뉴욕대학교 교수를 모범 사례로 소개했다. 로머 교수는 지식과 기술혁신이 경제성장을 이끌 수 있다는 '내생적 성장이론'으로 명성을 얻어왔다. 해밀턴 총장은 "대학의 역할 중 하나는 연구를 통해 미래를 그리고 대비하는 것"이라고 덧붙였다.

이날 세션에는 신성철 카이스트 총장도 함께 연사로 나섰다. 대구경북과학기술연구원 초대원장으로 6년간 재직한 신 총장은 신기술을 통해 고등교육을 혁신시키는 데 앞장서고 있다. 그는 4차 산업혁명 시대 대학은 'C³' 인재를 육성해야 한다고 주장했다. 도전Challenge, 창의 Creative, 배려Caring 정신이 높은 C³ 인재만이 다가올 미지의 세계를 헤쳐나갈 수 있다는 이유다.

신 총장은 C³ 인재를 양성하기 위해서는 융합교육이 필수라고 봤다. 그는 "창의성을 기르고 새로운 기술에 도전하기 위해서는 하나의 전공에 갇혀서 안 된다"고 단언했다. 또한 "미래형 스마트 자동차, 스마트 공장은 빅데이터, 사물인터넷, 인공지능 등 다양한 신기술이 융합된 산물"이라며 "신기술을 현실에 제대로 응용하기 위해선 학과를 넘어서는 협력이 필요하다"고 주장했다.

신 총장은 '닥터 엠 프로젝트'를 융합교육의 대표 사례로 소개했다. 닥터 엠 프로젝트는 스마트 의료 시스템을 구축하기 위해 카이스트가 2014년부터 추진해온 연구 프로젝트다. 이 프로젝트에는 바이오, 빅데이터 등 7개 전공학과와 8개 기업이 참여하고 있다. 나아가 신 총장은 2019년부터 아예 '무無 학과 제도'를 운영할 계획이라고 밝혔다. 2019년 신설될 융합기초학부에 입학하는 학생들은 4년간 전공 없이 학과를 초월해 공부하고 연구하게 된다.

두 총장은 교수들이 일방적으로 강의하는 주입식 교육은 시대착오적이라는 인식을 공유했다. 이들은 4차 산업혁명 시대에는 '거꾸로 학습'이 중요하다고 강조했다. 해밀턴 총장은 "뉴욕대학교에선 학생들이 특정 개념에 대해 미리 공부하고 강의 때는 서로 생각을 공유하는 경우가 많다"며 "이런 거꾸로 교육은 학생 스스로 문제 해법을 모색하게 하고 창의성을 길러줄 수 있다"고 말했다. 신 총장 역시 "현재 카이스트에서는 전체 교수 중 9% 정도만이 거꾸로 학습을 실험 중"이라며 "짧은 시간 안에 이 비중을 50%까지 끌어올리겠다"고 단언했다.

디지털 혁명이 세계화를 촉진시키는 가운데 대학의 역할이 막중하다고도 평가했다. 해밀턴 총장은 "뉴욕대학교는 아랍에미리트 수도인 아부다비와 이스라엘 행정수도 텔 아비브에 모두 캠퍼스가 있다"며 "심지어 온라인을 통해 전 세계 수많은 사람을 교육시키는 중"이라고 설명했다. 이어 그는 "자국우선주의와 보호무역주의가 세를 떨치며 세계가 어려움에 직면했지만 일시적 현상일 것이라 믿는다"며 "세계가 연결되는 현실 속 대학은 문화적 차이를 포용할 수 있는 학생들을 길러내는 데 앞장서야 한다"고 강조했다.

4차 산업혁명 시대의 여성 리더십

하이디 카포지 보잉 선임부사장

2016년부터 세계 최대 항공기업 보잉의 인사담당 부대표로 재임하며 기업경영과 직원
교육, 인력관리, 노사관계, 임금지불, 고용다양성 정책 등을 책임지고 있다. 보잉 합류
전에는 무인비행기 스타트업 '인시투'에서 인사관리와 내부 서비스 품질관리를 담당했
다. 인시투가 보잉에 합병된 이후 노스롭그루만, TRW 오토모티브 등에서 인사관리 분
야를 이끌었다. 카포지 부사장은 현재 시카고 식물원, 미드타운 교육재단, 인사관리정
책협회 이사회 일원이다. 또한 21세기 기술기반 노동시장 부흥을 위한 정계·재계·학계
연합인 리워크Rework 미국대책위원회에 참여하고 있다. 오벌린대학교에서 정치학 및
동아시아학을 전공했고, 미네소타대학교에서 인사관리 및 산업관계학으로 석사 학위
를 취득했다.

"훌륭한 여성인력을 확보하는 기업이 글로벌 '인재전쟁'에서 결국 승리할 것입니다."

하이디 카포지Heidi B. Capozzi 보잉 선임부사장은 세계지식포럼 '하나의 하늘: 새로운 세계를 향한 로드맵' 세션에서 '4차 산업혁명 시대의 여성 리더십'을 강조했다. 그는 "전 세계적으로 '인재전쟁'이라는 단어가 보편화될 만큼 유수 기업들도 좋은 인력를 확보하는 데 많은 어려움을 겪고 있다"며 "아직 개척되지 않은 시장, 미처 활용되지 못한 인력들을 공략해야 한다"고 강조했다.

카포지 부사장은 "전 세계 대학 학위 보유자 중 57%가 여성인데 이들의 역량이 제대로 활용되지 못하고 있다"며 "특히 4차 산업혁명 시대 인공지능의 발달, 디지털·자동화 등이 일하는 방식을 바꾸고 기업 생산성을 높일 뿐만 아니라 여성인력에게도 많은 기회를 열어줄 것"이라고 단언했다.

그는 세션에서 '높은 비율의 여성인력과 다양성을 겸비한 팀과 조직은 경쟁 조직 대비 뛰어난 의사결정을 하고 실적을 낸다'는 연구 결과를 다수 소개했다. 맥킨지 조사 결과에 따르면 성별·인종별 다양성을 확보한 조직은 산업평균 대비 15~35% 높은 수익을 낸 것으로 나타났다.

보잉에서도 여성인력은 중요한 역할을 해왔다. 보잉의 창업자인 윌리엄 보잉이 직접 고용한 로지 파라Rosie Farrar는 회사 초창기 B&W 수상비행기의 린넨 날개를 직접 꿰맸다. 헬렌 홀콤브Helen Holcombe는 전 세계 엔지니어링 부문 최초 여성 직원으로 보잉 설립 2년 후인 1918년 회사에 합류했다.

하지만 현실에서 기업들의 인사정책 변화나 여성인력 채용 확대는 빠르게 이뤄지지 못하고 있다. 〈포춘〉 500대 기업 가운데 여성 최고경영자CEO가 있는 기업은 32개에 불과하다. 특히 과학·기술·공학·수학STEM 산업의 경우 종사자 70% 이상이 남성이고 자연히 기업 고위직에서 여성을 찾아볼 수 없다는 지적이다.

카포치 부사장은 "여성인재 확보를 위해 기업들이 능동적으로 움직일 필요가 있다"며 "훌륭한 여성인력이 제발로 찾아오길 기다리기보다는 학교를 졸업하기 전부터 교육과정에 개입해 인재를 훈련시키고 키워내야 한다"고 말했다. 또 그는 "입사는 했으나 임신·출산 등의 사유로 중도 탈락하는 인원이 많다"며 "여성인력 확보뿐만 아니라 이탈을 막기 위해 현재 업무 환경이 어떻게 조성돼 있는지 살피고 일과 가정생활 균형을 맞추기 위한 정책 도입을 고민해봐야 한다"고 덧붙였다.

또 여성인력 비중을 높이려면 무엇보다 CEO의 역할이 중요하다고 강조했다. "미국 기업의 고위간부직C-Level에서 남녀 간 수적 평등을 이루려면 앞으로 100년이 더 흘러야 한다는 연구 결과가 있다"며 "그러나 기업 최상단의 리더십이 확고한 의지를 가진다면 조직문화와 가치는 더욱 **빠르게** 변화할 수 있다"고 이유를 설명했다. 2년 전 보잉 CEO와 최고경영진은 인재 개발 및 영입 시스템(인재 파이프라인) 내 여성 비율을 높이고 보다 많은 여성들이 리더의 자리에 오를 수 있도록 지원하는 전략을 수립했다. 여기에는 여학생들과 여성 사회 초년생들에게 학업과 직장생활 초기 단계부터 STEM 분야 교육과 리더십을 접할 수 있게 하는 것도 포함된다.

보잉은 여성인력의 참여를 강화하는 네트워킹, 포럼 및 컨퍼런스 등을 활발히 개최하고 있는데 특히 보잉 여성 리더십BWIL: Boeing Women in Leadership은 직원들이 주도하는 사내 그룹으로 남성과 여성 임직원이 사내 성평등과 성별편견 등에 대해 자유롭게 논의할 수 있는 대화의 장을 제공한다. 경영진 또한 여성을 포함한 인재들의 역량개발은 물론 커리어 개발 지원을 위해 멘토링을 진행하고 있다.

카포지 부사장은 "이런 정책들 외에도 회사 복지제도와 급여 수준이 여성인재들의 요구를 충족시킬 수 있어야 한다"며 "미국에서 육아휴직 제도는 모든 기업이 따라야 하는 의무적 사항은 아님에도 불구하고 보잉은 최근 여성 및 남성 임직원 모두 출산 및 입양 시에 최대 3개월까지 유급휴가를 제공한다고 발표한 바 있다"고 소개했다.

아울러 일하는 여성들도 고위간부직으로 가기 위해 위험을 적극 감수하고 다양한 경험·직책에 도전하라고 주문했다. 카포지 부사장은 "기업 고위임원을 뽑기 위한 인사위원회에 참석해보면 유독 여성 후보들을 대상으로 '아직 준비가 안 돼 있다', '경력을 더 쌓아야 한다'는 얘기가 많이 나온다"며 "여성들도 다른 경쟁자들과 자신을 차별화할 수 있는 기회를 포착하기 위해 노력하고 기회가 있다면 과감하게 도전해야 한다"고 말했다. 또 "여성들은 실제 자기 자신을 과소평가하는 경우가 많다"면서 "설사 도전해서 실패하더라도 스스로를 비판할 것이 아니라 '이번 기회에 잘 배웠다'고 격려하고, 성과를 냈다면 자신감을 갖고 조직 내외부에 드러낼 필요가 있다"고 조언했다.

마지막으로 카포지 부사장은 자신의 개인적 경험을 소개했다. 그는 업무에 집중하고 커리어를 쌓기 위해 2세 계획을 늦췄다. 또 자녀 양육에 맞춰 일하는 시간을 조정하기도 했다. 남편 또한 육아휴직을 신청하는 등 자녀 양육의 상당 부분을 책임졌다. 카포치 부사장은 "개인적으로 일도 중요하지만 어쨌든 '삶의 일부분'이라는 생각을 갖고 있다"며 "직장에서의 역할뿐만 아니라 가정에서 '엄마'라는 역할에 자부심을 갖고 있으며 기업들도 인사정책을 짤 때 여성의 이런 부분들을 반영해야 할 것"이라고 말했다. 또 그는 "기업은 사내 어린이집, 유연한 근무기회, 장기 육아휴직, 재택근무 등 다양한 방안을 검토해 여성 그리고 모든 부모가 일상적으로 최고의 성과를 낼 수 있는 환경을 조성해야 한다"며 "여성이 일하고 싶은 기업이 되는 것은 단언컨대 보잉의 계획이자 목표"라고 강조했다.

제19회 세계지식포럼

집단지성
글로벌 대혼란 극복의 열쇠

초판 1쇄 2018년 12월 20일

지은이 매일경제 세계지식포럼 사무국
펴낸이 전호림
책임편집 박병규
디자인 제이알컴
마케팅 박종욱 김혜원
영업 황기철

펴낸곳 매경출판㈜
등 록 2003년 4월 24일(No. 2-3759)
주 소 (04557) 서울시 중구 충무로 2 (필동1가) 매일경제 별관 2층 매경출판㈜
홈페이지 www.mkbook.co.kr
전 화 02)2000-2612(기획편집) 02)2000-2636(마케팅) 02)2000-2606(구입 문의)
팩 스 02)2000-2609 **이메일** publish@mk.co.kr
인쇄·제본 ㈜ M-print 031)8071-0961
ISBN 979-11-5542-940-2 (03320)

책값은 뒤표지에 있습니다.
파본은 구입하신 서점에서 교환해 드립니다.

이 도서의 국립중앙도서관 출판예정도서목록(CIP)은 서지정보유통지원시스템 홈페이지(http://seoji.nl.go.kr)와
국가자료공동목록시스템(http://www.nl.go.kr/kolisnet)에서 이용하실 수 있습니다.
(CIP제어번호: CIP2018040201)